COUTUMES

DE

PUYMIROL

EN AGENAIS

PAR

H.-ÉMILE RÉBOUIS

PARIS

L. LAROSE ET FORCEL

Libraires-Éditeurs

22, RUE SOUFFLOT, 22

—

1887

COUTUMES

DE

PUYMIROL EN AGENAIS

COUTUMES

DE

PUYMIROL

EN AGENAIS

PAR

H.-ÉMILE RÉBOUIS

PARIS

L. LAROSE ET FORCEL

Libraires-Éditeurs

22, RUE SOUFFLOT, 22

—

1887

BAR-LE-DUC, IMPRIMERIE CONTANT-LAGUERRE.

HISTOIRE DE PUYMIROL.

La commune de Puymirol est aujourd'hui un chef-lieu de canton de l'arrondissement d'Agen, département du Lot-et-Garonne.

Sa population agglomérée est de 900 habitants et la population totale de la commune de 1,400 habitants environ.

Les ruines et les murs d'anciennes fortifications qui entourent la ville et sont recouvertes de jardins, les maisons anciennes à sculptures du moyen-âge, les débris du château des anciens comtes de Toulouse, témoignent de l'importance de cette localité avant la Révolution.

Admirablement située à une altitude de 153 m., sur les hauteurs qui bordent la rive gauche de la rivière de la Séoune, à 17 kil. à l'est d'Agen et à une lieue de la Garonne, elle occupait une des plus fortes positions de cette région de l'Agenais, entre Clermont-Dessus et Larroque-Timbaud.

Son nom primitif de *Grande Castrum*, Grand-Castel, qui a remplacé, quelque temps, après 1246, le nom de *Podium Mirolium*, Puy-Mirol lui convenait donc parfaitement. « Il paraît qu'il y a eu autrefois un fort château qui, suivant les apparences, lui avait fait donner le nom de *Grandis Castri* ou de Grand-Château sous lequel on ne le connaît plus aujourd'hui. » Ainsi s'expriment les éditeurs du Recueil des Ordonnances des Rois de France (1).

La fondation de Puymirol est due à Raymond VII qui créa de nombreuses villes neuves dans les Etats que lui avait laissés le traité de Paris de 1229. Il les fonda surtout dans les

(1) *Ordonnances*, t. V, p. 311.

diocèses d'Agen et de Rodez, et quelques-uns des lieux ainsi construits par lui sont devenus des villes assez importantes; ainsi, Cordes, l'Isle d'Albi dans l'Albigeois et Puymirol dans l'Agenais (1).

Quoique la fondation de Puymirol soit de 1246, il paraît certain qu'il y existait anciennement une bourgade; car il résulte d'un acte de 1238 fait entre Bertrand de Penne, chevalier de Montjoy, et Guillaume de Beaupuy, abbé de Saint-Maurin, que le chemin clermontois, voie celtique reliant Aginnum, Agen, à Gergovia et à Clermont en Auvergne, était alors nommé dans le pays, chemin de *Lauzerte* à *Puymirol*, ce qui indique que ce dernier endroit était déjà un centre d'habitations assez important.

Il ressort également d'un titre du 15 décembre 1221 (2), que le chemin clermontois ou la voie clermontoise allait de *Lauzerte* ou mieux de près de Lauzerte à *Puymirol* (3). Puymirol a été bâti, en effet, sur l'emplacement d'une ancienne villa romaine.

En 1246, le comte de Toulouse, Raymond VII, faisait construire la ville de Grand Château, quand l'évêque d'Agen, *Pierre de Reims*, prétendit que la montagne sur laquelle ce comte faisait construire la ville était de la mouvance de son Eglise. Une transaction intervint; l'évêque céda à Raimond tous les droits qu'il avait sur cette montagne, moyennant la somme de 500 livres, monnaie d'Agen, que le comte lui assigna sur le péage de Marmande (4).

Raymond fit bâtir en même temps une église paroissiale dans ce lieu et le pape Innocent IV, par une bulle du 24 avril 1247 (5), lui accorda l'année suivante, la présentation à la cure (6).

Puymirol a suivi naturellement les destinées de l'Agenais depuis le milieu du xiii° siècle.

(1) *Hist. du Languedoc*, t. VII, p. 567, note 59 de M. A. Molinier.

(2) *Gallia christiana*, II, col. 916.

(3) Moulenq (Fr.). *Etudes sur la topographie des Gaules*, in-8°, Montauban. 1876.

(4) Bibl. nat., Ms. f. lat. 6,079, p. 119.

(5) *Ibid.*, p. 472.

(6) *Hist. du Languedoc*, VI, 779.

Il suffit de rappeler que, placé sous l'autorité du roi de France par le mariage d'Éléonore de Guienne, en 1137, avec Louis VII, l'Agenais devint un fief de l'Angleterre par le second mariage d'Éléonore avec Henri Plantagenet, en 1152.

Les conséquences de la faute politique commise par Louis VII, en répudiant Éléonore, furent terribles pour l'Agenais; la guerre y fut presque continuelle entre Anglais et Français jusqu'à la bataille de Castillon, le 9 octobre 1453.

Mais, en 1196, Richard Cœur-de-Lion marie sa sœur Jeanne à Raymond VI, comte de Toulouse, en lui donnant l'Agenais pour dot, sous réserve qu'à défaut de descendance mâle, le comté ferait retour au duché d'Aquitaine.

L'Agenais souffrit beaucoup de la terrible guerre des Albigeois (1208-23).

Enfin, le traité de Meaux (1228) stipula le mariage d'Alfonse, second fils de Louis VIII, avec Jeanne de Toulouse, fille unique de Raymond VII.

Il lui assurait la partie du comté de Toulouse et l'Agenais qui lui étaient laissés par le traité et il en conserva l'usufruit, sa vie durant. Quelques mois avant sa mort, survenue le 27 septembre 1249, Raymond VII faisait brûler, à Agen, quatre-vingts hérétiques.

En 1249, à la mort de Raymond VII, l'Agenais passo, comme tout le comté de Toulouse, entre les mains d'Alfonse, dont l'administration fut sage et paternelle.

Alfonse et, avant lui, Raymond VII, pour réparer les ravages de la guerre des Albigeois en Agenais, fondèrent beaucoup de villes neuves et de bastides et leur accordèrent de nombreuses franchises; ainsi, dans l'espace d'un demi-siècle, l'Agenais vit s'élever : Castillonès, en 1259, Damazan, en 1250 ou 1271, Puymirol, en 1246, Villeneuve-sur-Lot, en 1264; leurs successeurs suivirent leur exemple et de 1270 à la fin du xiiie siècle, nous voyons les fondations de Sérignac, en 1273, de Monclar, en 1279 ou 1289, de Monflanquin, en 1279 ou 1296, de Valence d'Agen, en 1283, de Castel-Amouroux, en 1287, de Saint-Pastour, en 1289, de Lamontjoie, en 1298, de Miramont, à la fin du xiiie siècle.

A la mort de Raymond VII, le 27 septembre 1249, le roi d'Angleterre considérant comme réalisée la condition du retour réservée par Richard, revendique ses droits sur l'Agenais comme duc d'Aquitaine et en conteste la possession à Alfonse.

Le 13 décembre 1249, il charge Simon de Montfort, comte de Leicester, de revendiquer des exécuteurs testamentaires du comte de Toulouse la possession du comté d'Agenais « qui lui revient de droit, » *terra Aginnensis petenda* (1).

Au retour de la Palestine, Louis IX mit fin aux réclamations du roi d'Angleterre, en lui abandonnant immédiatement quelques villes du Quercy, une redevance équivalant aux revenus de l'Agenais et la réversibilité de cette province, après la mort d'Alfonse et de sa femme. Ce traité de paix fut signé le 20 mai 1259 (2).

Fondé en 1246, Puymirol est, quelques années après, en 1251, le chef-lieu de l'un des 12 bailliages de l'Agenais (3) et les *probi homines de Grandi Castro* sont mentionnés dans l'ordonnance des enquêteurs envoyés par Alfonse dans le Quercy et l'Agenais, en 1252, avec ceux de Condom, Penne, Por Sainte-Marie, Mezin, Marmande, le Mas d'Agenais (4).

De même, dans le compte de la Toussaint de 1259 (5) pour la sénéchaussée d'Agenais et de Quercy, nous voyons parmi les baylies de l'Agenais Sanctus Pastor (saint Pastour), Mons Clarus (Monclar), Mons Flanquinus (Monflanquin), Grande Castrum (Puymirol).

Alfonse déclare, en 1269, à Pierre de Gerlandi, évêque d'Agen, que le serment de protection lui est dû, à Puymirol, nonobstant une exception faite en faveur de l'ancien comte de Toulouse (6).

Cette même année, l'évêque Pierre III donne et quitte à Alfonse, comte de Poitiers, 500 livres que celui-ci devait à l'église d'Agen, pour avoir fait bâtir une bastide au grand Chastel, du fief de la dite église, sans le consentement de l'évêque (7).

---

(1) Rymer, *Acta publica*, t. I, p. 430-1 (édition Tonson de Londres, 1727).
(2) Rymer, t. I, p. 675.
(3) Samazeuilh, *Hist. de l'Agenais*, t. I, p. 310.
(4) *Hist. du Languedoc*, VII, c. 424.
(5) Bibl. nat., n° 9019, f° 14.
(6) Magen et Tholin, *Chartes d'Agen*, p. 79.
(7) Archives nat. J, 312

Ainsi, après 23 ans, la transaction intervenue entre Raimond VII et l'évêque d'Agen P. de Reims recevait son exécution.

La mort d'Alfonse amena, au mépris du traité de paix de 1259, la réunion de l'Agenais au domaine royal de France; en 1271, le 12 novembre, *ad crastinum beati Martini hivernalis*, les consuls de Puymirol, *Bos de Revinhano* de Grandi Castro, miles, *Otho de Revinhano*, de Gr. C., miles, prêtèrent serment de fidélité au roi Philippe le Hardi représenté par Guillaume de Cohardon, sénéchal de Carcassonne, régent pour le roi du comté de Toulouse et de l'Agenais (1).

Mais les rois d'Angleterre élevèrent, dès le mois d'octobre 1271, des contestations au sujet de la possession de l'Agenais, en s'appuyant sur la convention de 1259, et par le traité d'Amiens (1279) Edouard I se le fit restituer (2).

Henri III mourut pendant le débat; Edouard I qui venait de l'Orient et de la Sicile, rendit, à l'occasion de son avènement au trône, hommage à Philippe III pour le duché d'Aquitaine; il se fit promettre la restitution de l'Agenais; Seigneur roi, dit-il, je vous rends hommage pour toutes les terres que je tiens et dois tenir de vous, faisant allusion à l'Agenais.

Philippe III, touché de cette formule, promit de faire droit à la réclamation de son vassal. Le 8 juin 1275 eut lieu la nomination des commissaires pour régler les conditions de la cession (3). Le 23 mai 1279, l'acte de restitution fut signé à Amiens.

Aussi, l'année suivante, en 1280, Jourdain V, seigneur de l'Isle en Jourdain, rend hommage au roi d'Angleterre pour les terres de Dunes et de Puymirol (4).

Nous arrivons ainsi à l'époque de la concession des Coutumes que nous publions, d'après la copie conservée au tome 368 de la collection Moreau (Bréquigny, t. XIV), fº 136 à 155, à la Bibliothèque nationale.

Le texte de ces coutumes accordées le 13 décembre 1286 est précédé de cette note : Acte portant différentes franchises

(1) Arch. nat. Q, I, nº 231.
(2) Rymer, t. II, p. 131.
(3) Rymer, II, 50.
(4) P. Anselme, II, 703.

et Coutumes accordées par Édouard I aux habitants de Grand-Castel del abescat d'Agenes.

Le 22 décembre 1287, ce prince accordait des privilèges et Coutumes aux habitants de Castel-Amoros en Agenais, aujourd'hui Labastide-Castel-Amouroux, village de cinq cents habitants environ, dans le canton de Bouglon. La copie de ces Coutumes est au tome XIV de la collection Bréquigny, folios 192 à 203.

Deux ans plus tard, le 7 avril 1289, la bastide de Saint-Pastour en Agenais, aujourd'hui petite commune de 782 habitants dans le canton de Monclar, arrondissement de Villeneuve, recevait également une charte de coutumes et privilèges (1). Ces deux derniers documents offrent beaucoup d'analogie avec la charte de Coutumes accordées à la nouvelle Bastide de Valence en Agenais, le 28 décembre 1283 (2).

Mais Édouard I ne jouit pas longtemps de cette acquisition; vers 1292, une querelle de marins anglais et normands offrit à Philippe-le-Bel l'occasion de ressaisir l'Agenais dont il resta maitre pendant dix ans. Il le rendit en 1303, pour s'assurer qu'Édouard n'interviendrait pas dans la lutte qu'il engageait contre le pape Boniface VIII.

A cette date, du tribunal du sénéchal du roi de France, à Périgueux, l'appel va au roi de France. Le 6 novembre 1293, en présence de Pierre de Saliver, châtelain et bailli royal de Puymirol, B. de Combes, procureur de Bernard de Briguet, bourgeois dudit lieu, fait appel au roi de France, à raison d'un déni de justice commis à son préjudice par le juge mage du Quercy qui n'avait aucune qualité pour connaitre des affaires des habitants dudit lieu de Puymirol (3).

Pendant la guerre de Cent-Ans, l'Agenais servit souvent de champ de bataille aux Anglais et aux Français.

Puymirol, Monjoy (*Mons Gaudii*), Valence (*Valentia*), Port Sainte-Marie, Saint-Pastour, Monflanquin, reçoivent les lettres d'Édouard II du 25 février 1321 qui leur enjoignent de reconnaitre Radulphe Basset de Drylon, sénéchal de

---

(1) Moreau, 633 (Bréquigny, t. XIV), f** 211 à 251.

(2) Rébouis, *Cinq coutumes de Tarn-et-Garonne*, Montauban, 1836.

(3) Mapen et Tholin, *Charles d'Ajen*, p. 181.

Guyenne et Ade de Lymbergh, son connétable à Bordeaux (1).

A la fin de 1324, une révolte a lieu dans l'Agenais, le Périgord, le Quercy, le Bazadais, la Saintonge et l'île d'Oléron; les châteaux et villes de la Penne (*Penne*), de Prumerole (*Puymirol*) en Agenais, de Pomers en Bazadais et le château de Mountandre étaient restés fidèles (2). Le capitaine de la ville et château de Puymirol que les Français étaient allés assiéger était alors Amanieu de Fossat, seigneur de Madaillan; il résista victorieusement (3).

Édouard II envoya en 1325 son fils aîné, qui sera plus tard Édouard III, gouverner la Guyenne et, le 13 octobre 1325, il écrit aux consuls de la communauté de Puymirol, *universitatis de Podio-Mirollio*, les engageant à continuer leurs bons offices à son fils (4). Une lettre semblable fut adressée aux consuls des diverses villes de l'Agenais.

Le nouveau gouverneur de Guyenne n'a pas dû s'entendre longtemps avec son père qui veut, dès l'année suivante, diriger lui-même les affaires, et ordonne par ses lettres du 27 juin 1326, aux habitants de Montaigut (*Monte-Aculo*), Puymirol (*Grandis Castri*), etc., de prêter serment à Olivier de Ingham, sénéchal de Gascogne, nommé par lui administrateur de son fils aîné (5).

Mais, si Édouard II avait vécu en bons termes avec Louis X et Philippe V, il n'en fut pas de même avec Charles IV qui vengea le massacre de la garnison de la bastide de Saint-Sardos en Agenais, prise et rasée en 1323 par le seigneur de Montpezat et les Anglais (6).

Charles IV et Édouard II faisaient en même temps appel au dévouement des consuls et des villes de l'Agenais.

Agen, Condom, Astafort furent pris aux Anglais qui furent battus et chassés de l'Agenais; par le traité d'Amiens, en

(1) Rymer, t. IV, p. 36.

(2) Rymer, t. IV, p. 111. Lettre du roi d'Angleterre au comte de Norfolck, 26 nov. 1321.

(3) Delpit, *Collection générale des Documents*, t. I, p. 51. Tholin, *Ville libre et barons*, p. 22 et 21.

(4) Rymer, t. IV, p. 171.

(5) Rymer, t. IV, p. 214-5.

(6) Chronique de Jean de Saint-Victor, *Hist. de France*, XXI, p. 653.

1327, Édouard III, proclamé roi par les barons anglais le 24 janvier 1328, gardait la Guyenne mais abandonnait l'Agenais à la France ; il essayait de le reprendre en 1328 et engageait les seigneurs de l'Agenais à se déclarer en sa faveur, promettant trève et paix « à ceux de la Gascogne » qui viendraient à lui (1).

Puymirol dut rester à l'Angleterre à la paix d'Amiens de 1327 ou lui revenir bientôt après, car Édouard III concède', le 27 avril 1330, la baillivie de Puymirol à Arnaud de Beauville (2).

Ce choix n'était sans doute pas très heureux, car Édouard III eut à se plaindre de la conduite à son égard d'Arnaud de Beauville et, le 6 avril 1332, il écrit au sénéchal de Gascogne et au connétable de Bordeaux de donner la garde de la ville de Puymirol à un anglais ou à une autre personne d'une fidélité certaine (3).

Nous trouvons, en 1337, Rainfred de Duroforti, R. de Durfort, à la tête de la baillivie de Puymirol, pour le roi d'Angleterre (4).

Cette année même, Agen et Puymirol sont en conflit, les deux villes ne s'étant pas rendues, en même temps, au roi de France ; les consuls des deux villes se bannissaient réciproquement. Le 9 septembre 1337, une ordonnance datée de la Réole, de *Raoul*, comte d'Eu et de Guines, connétable de France, lieutenant du roi en Languedoc, annule toutes les ordonnances, sentences et bannissements prononcés contre les consuls et les habitants d'Agen par le sénéchal du duc d'Aquitaine en Agenais et par les consuls de Puymirol, de même qu'il venait d'annuler, lorsque ladite place s'était rendue au roi d'Angleterre, les sentences et les bannissements prononcés contre ses consuls et habitants par le sénéchal du roi et par les consuls d'Agen (5).

Jean de Bohême use du droit de concéder des privilèges aux communautés laïques et religieuses, ces privilèges étant

(1) Rymer, t. IV, p. 311. Lettre d'Édouard III du 9 mars 1328.
(2) *Rôles gascons*, I, 73.
(3) Samazeuilh, *Hist. de l'Agenais*, p. 50.
(4) *Rôles gascons*, I, 43. Lettres d'Édouard III, du 20 mars 1337.
(5) Archives communales d'Agen, AA, 5.

le plus souvent achetés à prix d'argent; en 1339, il en concède à Villeneuve d'Agen, Dunes, Puymirol (1).

L'année suivante, Philippe VI, roi de France, permet à Garsió Arnaut, seigneur de Navailles, de présenter sa requête, nonobstant la prescription qui pouvait être invoquée contre lui, à l'effet d'être mis en possession des châteaux de Puymirol et de Penne qui lui avaient été vendus par son sénéchal d'Agenois, 20,000 livres (2).

Jean, évêque de Beauvais, était envoyé en 1342, comme lieutenant du roi en Gascogne, Agenais, Bordelais, Saintonge. A Cahors, il accorde des priviléges aux habitants de Puymirol et confirme ceux qu'ils ont reçus d'Edouard I en 1286. Ces priviléges sont contenus dans les lettres royales données à Saint-Germain-en-Laye, le 6 avril 1342 (3).

Le 27 juillet 1342, il est sous la tente, devant Damazan, et il mande aux châtelains royaux d'Auvillars et de Puymirol et au bailli royal d'Agen, de faire cesser les infractions qui se commettaient au préjudice de la sauvegarde (4).

Le duc de Normandie, Jean, devant venir en Guyenne, les consuls d'Agen, de Puymirol et autres localités obtiennent, en 1344, l'autorisation de Robert de Houdetot, sénéchal d'Agenais et de Gascogne, de s'assembler à Agen pour les besoins du pays et sur ce qu'il convient de faire pour l'arrivée du duc de Normandie (5).

Les consuls d'Agen écrivent le 21 novembre 1345 à Philippe de Valois que, conformément à ses ordres, ils lui députaient les bonnes gens des villes et cités de l'Agenais, au nombre desquelles figurent Castelsagre, Valensa, Puymirol, etc. (6).

En 1352, le sire de Castelbajac est nommé gouverneur de Puymirol (7), tandis que Guillem Raimond de Casalas était

(1) Archives nat., JJ, 73, n. 194, 197, 93; JJ, 72, n. 499.
(2) Lettres du 15 janvier 1340; Samazeuilh, *Hist. de l'Agenais*, p. 58.
(3) *Ordonn. des rois de France*, VII, 374.
(4) Arch. mun. d'Agen, AA, 5.
(5) Arch. mun. d'Agen, BB, 15.
(6) Bertrandy, *Études sur la Chronique de Froissart*, p. 137; Moulenq (Fr.), *Doc. hist.*, t. III, p. 204.
(7) B. nat., *Pièces originales*, vol. 615, n. 5.

gouverneur de Valence d'Agen (1), par Aimeri de Roche-
chouart, sénéchal de Toulouse.

Prisonnier à Poitiers, le roi Jean céda la suzeraineté de
l'Agenais à Edouard III par le traité de Londres, et le dau-
phin Charles renouvela cette cession, l'année suivante, au
traité de Brétigny (1360).

En conséquence, le 15 juillet 1363, hommage est rendu au
roi Edouard III par la ville de Puymirol, représentée par Arnaud de la Morelle, M° Pierre Desseltes, etc., dans l'arche-
vêché de Bordeaux (2).

Mais, les exactions du Prince Noir à qui Edouard III avait fait
donation du duché d'Aquitaine, le 14 juillet 1362, provoquè-
rent en Agenais une violente réaction et, dès le mois de mars
1369, quelques villes de l'Agenais avaient fait leur soumission
au roi de France; parmi elles *Puymirol* (3).

Bertrand Jordan de Malues et Arnaud de la Maurette, habitants de Puymirol, agissant au nom des consuls dudit lieu,
s'accordent, en 1370, avec le comte d'Armagnac, procureur
du Roi et du duc d'Anjou, son frère, pour fixer les moyens de
faire retourner la ville et le château à l'obéissance du Roi (4).

Le 18 juillet de la même année, Jean Ier comte d'Armagnac,
reconnaît avoir reçu d'Etienne Montméjour, trésorier des
guerres du roi et du duc d'Anjou, en Languedoc, pour la
ville de Villeneuve d'Agenais 1,500 francs et 900 livres pour
celle de Puymirol, en déduction de *gregnieurs* (plus grandes)
sommes que bailler avons aux dites villes sur ce qui dû leur
était, à cause du traité fait par nous et le sénéchal de Toulouse
avec icelles villes (5).

Le duc d'Anjou, frère du roi, son lieutenant en Languedoc,
prête serment à Charles V, le 24 février 1372 (6) et promet :

« Item, qu'il mettra es pais, lieux et villes de Bigorre, de
Gaure, de Condom, de Montroyal, de Mesin, d'Agen, de

(1) *Hist. du Languedoc*, IX, 638.
(2) J. Delpit, *Collection générale des documents*, I, 86 à 131.
(3) Arch. nat. JJ. 100, n. 785.
(4) *Inventaire gén. des archives du Roi en la généralité de Montauban*, 1436,
1 vol. in-f°, Ms.
(5) P. Anselme, III, 417.
(6) *Hist. du Languedoc*, X, c. 1573.

Moissac, de *Puymirol*, de Lauserte, de Moncuc et de Villeneuve d'Agenois telles gens d'armes et capitaines, etc. »

Puymirol, du côté du roi de France, contribue à l'expul-
sion des Anglais.

Les habitants de Puymirol, Saint-Maurin, Clermont-Dessus, etc., aident Terride à s'emparer, pour le roi de France,
de Montaigut, en 1418 (1).

Nous arrivons ainsi à l'année 1439, depuis laquelle l'Agenais n'a cessé d'appartenir à la France.

Cette région a ressenti vivement les luttes qui ensanglantè-
rent la France pendant les guerres de religion. Les doctrines
de la Réforme s'y propagèrent rapidement et les catholiques
répondirent à ces novateurs en dressant des bûchers. Le capitaine Blaise de Montluc, lieutenant du roi en Guyenne, es-
saya d'arrêter, par ses cruautés, le flot montant du protestantisme. En 1562, l'année même où il reprit Agen sur le capitaine huguenot Truelle qui s'en était emparé, Montluc envoya le capitaine Charry s'emparer de Puymirol que sa garnison avait abandonné; celui-ci passa la Garonne à Lamagis-
tère et alla occuper le château et la ville de Puymirol; il n'y
trouva que dix hommes et deux canons (2).

Le 3 décembre 1569, le duc d'Anjou complimente François
de Montpezat sur ce qu'il a fait pour la conservation de la
ville de Puymirol (3).

En 1572, Charles IX marie sa sœur Marguerite au jeune
roi de Navarre qui sera plus tard Henri IV, et lui donne pour
dot l'Agenais et le Quercy.

Les archives d'Agen (4) possèdent une lettre d'Henri III
du 28 novembre 1581 sur la cession de la ville de Puymirol
au roi de Navarre qui s'engage à abandonner Périgueux;
l'importance de cette place avait été signalée à Henri III par
M. de Bajaumont qui priait le roi de ne point accorder cette
ville aux protestants comme place de sûreté (5).

(1) Moulenq (Fr.), *Doc. hist.*, III, 273.
(2) Samazeuilh, *Hist. de l'Agenais*, t. II, p. 93; S. Amans, *Histoire de Lot-
et-Garonne*, t. I, p. 350.
(3) *Arch. hist. de la Gironde*, VII, 182.
(4) BB, 23.
(5) Lettre du 23 nov. 1581, *Documents sur l'Agenais*, 151.

Agen ne fit sa soumission à la couronne qu'après l'entrée
de Henri IV à Paris; en 1586, M. de Belsunce est capitaine
et gouverneur de Puymirol pour Henri, roi de Navarre (1).

En 1592, le gouverneur de Puymirol est Verdun de Turenne, baron d'Aynac; il mourut la même année (2).

Il était fils de Louis de Turenne, lequel épousa, le 6 décembre
1513, Françoise de Vayrac, fille unique de Gaillard de Vayrac, capitaine des ville et château de Puymirol. Verdun de
Turenne a dû probablement succéder, dans cette charge, à son
aïeul maternel, Gaillard de Vayrac.

Nicolas de Villars, évêque d'Agen, faisant la visite de son
diocèse, vint à Puymirol en 1592. On dut dresser une tente
dans les ruines mêmes de l'église que les calvinistes avaient
abattue; mais le temps était trop mauvais pour y célébrer la
messe; les protestants vinrent eux-mêmes offrir leur temple
au prélat; on y improvisa un autel où l'évêque officia (3).

Au xviie siècle, Puymirol eut pour capitaines châtelains :
François de Lusignan (1611-21), Julien de Timbrune, seigneur
de Valence (1621-36) et Emmanuel de Timbrune, marquis de
Valence (1636-65).

Sous le règne de Louis XIII, l'Agenais continuant à être
un foyer dangereux de protestantisme, le roi vint en personne
assiéger Tonneins (1614).

Il y revient en 1621, et pendant qu'il assiégeait Bergerac,
plusieurs places circonvoisines de l'Agenais et du Quercy
furent remises par leurs gouverneurs entre les mains du roi
qui fit abattre les murailles et les fortifications. Les principales
de ces places réduites furent *Puymirol*, Tonneins, Monségur,
Monflanquin.

« Puymirol est une fort bonne place et capable de soutenir
un siège royal, deux mois. M. de Lusignau en est gouverneur; elle incommodait fort la ville d'Agen, car elle n'est qu'à
deux lieues de la Gascogne (4). » Telle est l'opinion qu'ex-

(1) Document non classé aux Archives de l'Hôtel-de-Ville de Montauban.

(2) Moreri, VI, p. 613.

(3) Abbé Barrère, *Hist. religieuse du diocèse d'Agen*, II, 379.

(4) *Mercure français, ou Histoire de notre temps sous le règne de Louis XIII*.
t. VII, p. 621. — Charles Bernard, *Histoire de Louis XIII*, p. 258.

prime sur Puymirol, au xvii° siècle, le Mercure Français; l'importance de cette place forte dans cette partie de la région agenaise se perpétuait donc depuis sa fondation.

L'année suivante, en 1622, le marquis de Lusignan se plaignait de ne pas avoir encore reçu la somme de 50,000 livres qui lui avait été promise, quand il avait remis, l'année précédente, la ville de Puymirol au roi (1).

Cette somme lui ayant été remise peu après le passage du roi en Guyenne, il reprit son service.

En 1649, le duc d'Épernon écrit à Mazarin et demande le gouvernement de Puymirol pour le marquis de Valence (2).

Un dernier détail à signaler, à la fin de cet exposé du rôle de Puymirol au milieu des événements historiques de l'ancien régime; pour aussi court et aussi incomplet qu'il soit, cet exposé n'en a pas moins son importance et tout le mérite en revient à mon savant confrère, M. F. Moulenq, que je suis heureux de remercier ici de la libéralité avec laquelle il m'a toujours fait part de ses recherches sur l'histoire de l'Agenais. Après la révocation de l'édit de Nantes, 26,000 protestants, parmi lesquels un grand nombre de *Puymirol*, Monflanquin, etc., abjurèrent le protestantisme dans les mains de Máscaron, évêque d'Agen (3). Il ne reste désormais rien de particulier à noter sur Puymirol.

(1) Dupleix, t. IV, 2° partie, p. 212.
(2) *Archives de la Gironde*, II, 52.
(3) Barrère, *Histoire religieuse du diocèse d'Agen*, II, 103.

COUTUMES DE PUYMIROL.

La charte accordée le 13 décembre 1286, la seizième année de son règne, par Édouard Ier aux habitants du Grand-Castel de l'évêché d'Agen, ou de Puymirol en Agenais, est toute différente des chartes de coutumes accordées par le même prince à trois bastides de l'Agenais, à Valence d'Agen le 28 décembre 1283, à Castel-Amoros (Castel-Amouroux) le 28 décembre 1287, à Saint-Pastour le 7 avril 1289.

Ces trois dernières, rédigées en latin, présentent entre elles une complète analogie, à l'exception de trois articles d'ailleurs peu importants, que contient seule la charte de Saint-Pastour. Elles ont dû être accordées à des localités qui n'avaient pas reçu auparavant de chartes de coutumes.

La charte de Puymirol, en langue provençale est, au contraire, beaucoup plus importante à tous égards ; elle doit avoir été précédée d'une charte concédée par Raymond VII ou Alphonse de Poitiers, depuis 1216. Lorsqu'en effet, en 1369, Louis d'Anjou confirme les priviléges de la ville de Puymirol, il renouvelle et confirme les priviléges accordés à la ville, avant lui, par les rois de France, les comtes de Toulouse et Édouard, duc d'Aquitaine : « Notum facimus, etc., quod « nos..... omnia et quecunque privilegia, libertates, statuta, « usus et consuetudines ipsius ville seu universitatis ejusdem, « antiquitus per *Dominos nostros Francorum reges, comites* « *Tholosanos* qui pro tempore fuerunt, Edwardum nuper Du- « cem Aquitaniæ et alios quoscunque, confirmavimus (1). »

Il est donc naturel que la charte de Puymirol offre des rapprochements avec les chartes concédées aux bastides languedociennes par Raymond VII et Alfonse, et dont l'Alfonsine

____

(1) *Ordonnances*, V, 311. — Confirmation du 1 avril 1369.

de Riom, de 1219, et la charte de Castelsagrat, de mai 1270, sont des types excellents.

Le texte du manuscrit de la Bibliothèque nationale (1), le seul que nous connaissions, ne portant ni divisions en chapitres, ni rubriques, nous l'avons partagé en cinquante-quatre articles avec titres, et nous donnons la traduction intégrale du texte provençal toujours assez difficile à interpréter quand on ne possède qu'une copie du xviie ou du xviiie siècle. Une table alphabétique des titres des articles facilite la recherche des différents points de droit ou autres visés dans les coutumes et la comparaison avec les autres documents du même genre.

Pour les chartes de Castel-Amouroux (2) et de Saint-Pastour (3), on n'a, pour les connaître, qu'à lire la coutume accordée à la nouvelle Bastide de Valence en Agenais (4); leur publication suivra d'ailleurs, dans cette Revue, celle des coutumes de Puymirol.

L'étude des documents juridiques de la région agenaise est loin d'être épuisée: sur vingt-sept textes de coutumes des communes du Lot-et-Garonne, sauf des omissions probables, onze sont encore inédits.

M. Baradat de Lacaze vient de publier les coutumes d'Astafort et de Meilhan en Agenais (5), et se propose, comme nous, de publier quelques autres textes. Les documents que nous avons encore à mettre en lumière, dans cette Revue ou dans d'autres Recueils périodiques, serviront de pièces justificatives à notre prochaine Étude sur l'ensemble des coutumes municipales de l'Agenais votées ou octroyées au xiiie siècle et dans la première moitié du xive siècle.

Ces coutumes municipales forment, comme l'a dit M. Tholin, archiviste de Lot-et-Garonne, des codes politiques, civils, criminels et de procédure (6). Elles étaient complétées par le droit écrit et interprétées, dans les cas douteux, par les conseils des villes.

(1) Moreau, 633 (Bréquigny, t. XIV), f°s 136-155.
(2) Coll. Bréquigny, XIV, f°s 192 à 202.
(3) Do, f°s 211 à 231.
(4) Rébouis (E.-H.), *Cinq coutumes de Tarn-et-Garonne*, Montauban, 1886.
(5) Paris, Champion, 1886.
(6) *Revue de l'Agenais*, 1881, p. 283.

Grâce à elles, nous pouvons connaître la distribution des pouvoirs locaux, leurs attributions, l'inégalité des conditions, la répartition des charges, les pratiques administratives et judiciaires au temps du moyen-âge.

L'ordre suivi dans la charte de Puymirol étant très confus, comme dans la plupart des autres chartes (car on devait procéder par addition à un certain nombre d'articles déjà accordés), le groupement des articles, suivant leur nature, s'impose, pour faciliter leur étude et leur comparaison avec les articles des coutumes de Castel-Amouroux et de Saint-Pastour, et des autres documents de cette région; ainsi a procédé M. Boutaric pour l'Alfonsine de Riom et la charte de Castelsagrat (1).

Liberté politique.

La ville a son seigneur qui renonce aux droits de quête, d'emprunt, de don sur les habitants, en raison de sa seigneurie.

Même disposition à Valence-d'Agen, Castel-Amouroux, Saint-Pastour.

Le seigneur doit sa protection aux chevaliers.

L'exemption de participer aux charges publiques est accordée aux chevaliers qui doivent, d'autre part, répondre à la convocation du baile et des consuls, poursuivre la réparation des torts faits aux habitants, et faire la garde du château, au besoin.

Le représentant du seigneur est le baile; il a des attributions administratives et judiciaires qu'il partage avec les consuls.

Dans toute contestation, les préliminaires de conciliation devant le baile ou devant les consuls, sont obligatoires.

Le baile doit rendre la justice à tous les habitants; il la rend avec les consuls et les prudhommes.

Chaque année, le 15 août, les consuls sortant de charge choisissent les nouveaux consuls, et ces derniers choisissent immédiatement quatre prudhommes qui seront, pour un an, juges d'appel: le nombre des consuls n'est pas indiqué.

Les consuls ne sont pas le produit de l'élection populaire;

____

(1) Saint Louis et Alphonse de Poitiers, p. 510 et suiv.

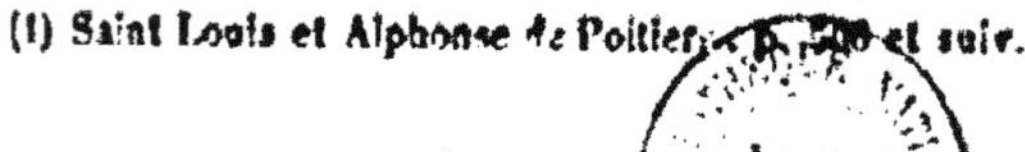

2

à Puymirol, ils sont élus par les consuls sortant de charge.
A Castelsagrat, ils sont choisis, le jour de Saint-Jacques, au
nombre de huit, par le baile qui consulte, il est vrai, les
notables. De même, à Valence, à Castel-Amouroux, à Saint-
Pastour, les consuls renouvelés chaque année, à la fête de la
Chaire de Saint-Pierre, à Valence, à la Saint-Vincent, à Castel-Amouroux, à l'Assomption, à Saint-Pastour, sont choisis
au nombre de six par le seigneur ou le baile.

Alfonse, à Castelsagrat, Édouard Ier, dans ces trois localités, restreignent les libertés municipales ; à Puymirol,
Édouard Ier renouvelait les dispositions de Raymond VII.

Dans la charte de Puymirol, il n'est point question du
serment du baile, du serment des consuls entrant en charge ;
les trois autres documents agenais les mentionnent.

Les attributions des consuls consistent à veiller, de concert
avec le baile, à la garde des terres, vignes, blés, etc.

Les mesures administratives, ou statuts, prises par les
consuls et le baile, sont valables pendant l'année ou la partie
de l'année de leur charge.

Une fois prises, ces mesures ne peuvent être modifiées.

Les consuls perçoivent, en raison de la fortune de chacun,
de tous les habitants, les tailles pour payer les dépenses communales.

Cet article des coutumes de Puymirol ne contient pas les
dispositions importantes d'une ordonnance de saint Louis de
1256, relative à la levée des impôts dans les villes de commune. Cette ordonnance prescrit que les tailles seront perçues
par six ou douze prudhommes élus par le peuple (1). Les
coutumes de Valence, de Castel-Amouroux, de Saint-Pastour,
au contraire, contiennent ces dispositions éminemment favo-
rables à la bonne administration des finances :

« Les consuls ont le pouvoir de faire réparer les chemins,
les voies publiques, les fontaines, les ponts ; à cet effet, ils
auront la faculté, avec l'assentiment de vingt-quatre habitants
choisis par l'assemblée de la ville, de lever au sou la livre,
sur les habitants, c'est-à-dire en raison de la fortune de chacun, les frais et dépenses pour ces différentes réparations.

(1) *Ordonnances*, I. 51.

ou pour d'autres entreprises communes, ou pour d'autres travaux d'utilité générale. »

De même, les coutumes données par Alfonse à Castelsagrat, ordonnent aux consuls de lever les impôts indispensables pour l'entretien de la ville au sou la livre et avec l'assistance et le conseil de douze habitants choisis par le peuple; ces douze élus faisaient eux-mêmes la répartition de l'impôt. Ces dispositions furent étendues par Alfonse à un très grand nombre d'anciennes communes.

Inconnues avant lui, elles ne se trouvent pas dans la charte de Puymirol.

Liberté civile.

La liberté pour les habitants de pouvoir librement marier leurs filles et engager leurs fils dans la cléricature, n'est stipulée que dans les coutumes de Valence, Castel-Amouroux, Saint-Pastour.

Si quelqu'un meurt *intestat*, et qu'il soit sans enfants et sans héritiers apparents, le baile et les consuls régissent, comme biens communaux, les biens du défunt, et chargent un ou deux prudhommes de les tenir en commande, un an et un mois, pour les rendre à l'héritier éventuel.

S'il ne se présente pas, les biens meubles seront remis au seigneur, les immeubles ou terres possédées en fief au seigneur de qui les tenait le défunt, les dettes payées, par parties égales, avec les meubles et les immeubles.

Les conditions du retrait sur les biens inféodés ne se trouvent que dans les coutumes de Puymirol; elles ressemblent aux conditions énumérées dans l'article 32 des coutumes de Clermont-Dessus (1).

Les immeubles tenus en fief peuvent être aliénés au profit de qui que ce soit, à l'exception d'une église, d'un clerc, d'une maison de chevalerie, d'un couvent, s'ils ne s'engagent à vider leurs mains des biens et des fiefs nouvellement acquis, dans un an et un mois, au profit d'un laïque.

Nul habitant ne sera emprisonné et ses biens ne seront pas

____

(1) *Nouvelle Revue historique de droit français et étranger*, 1881.

saisis, pourvu qu'il donne caution suffisante ou bien qu'il jure
solennellement d'ester en justice, à moins qu'il ne soit accusé
d'assassinat ou de crime entraînant la perte de biens et d'avoir.

Tout plaideur a droit à un délai de huit jours pour choisir
un défenseur.

Le serment judiciaire, entre les parties, est obligatoire,
sous peine d'amende.

Le droit d'appel au tribunal des quatre prudhommes est
stipulé, moyennant la remise préalable d'une caution au baile
et une amende de 5 sous pour l'appelant débouté de son appel.

Pendant la durée de l'appel, l'exécution du premier jugement est suspendue.

La procédure devant le tribunal du baile fixe aux parties
des délais de conseil et de réponse, des conditions pour la
citation des témoins. Des avocats d'office peuvent être donnés
par le baile à qui les demande.

La production de faux témoins est sévèrement réprimée:
celui qui les produit et les faux témoins eux-mêmes doivent
courir dans Puymirol, la langue percée et leurs biens sont
confisqués.

Le règlement des litiges entre étrangers et habitants de
Puymirol est soumis à une procédure spéciale.

Les articles qui règlent la transmission des biens et orga-
nisent la procédure ne se trouvent point dans les coutumes
de Valence, Castel-Amouroux et Saint-Pastour.

Le débiteur qui se déclare actuellement insolvable a un
délai de quarante jours pour vendre sa terre; s'il est avéré,
sur la dénonciation du créancier, qu'il a des meubles suffi-
sants pour payer sa dette, il doit satisfaire ce dernier sur-le-
champ. Sinon, le débiteur jurera solennellement, tous les
mois, qu'il ne peut payer, avec son mobilier, 5 sous au moins
à son créancier. Dans tous les cas, la saisie des vêtements de
tous les jours et des instruments de travail, est interdite.

Les coutumes de Valence, Castel-Amouroux, Saint-Pastour
ne contiennent que cette dernière interdiction.

Les contestations de propriété sont soumises, à Puymirol,
aux mêmes règles de procédure qu'à Larroque-Timbaud (1):

____

(1) *Coutumes de Larroque-Timbaud*, art. 20.

le défendeur a deux délais, un de conseil, l'autre de réponse; chaque délai est de huit jours. Le défendeur peut encore obtenir huit jours pour la terre-garde et trois jours pour la reire-garde. Enfin le défendeur peut avoir un délai de huit jours afin d'appeler garant en cause, ou davantage, si ce garant n'est pas sur le territoire de Puymirol.

Moyennant le serment que ces demandes ne cachent aucune fraude, ce délai peut se renouveler jusques à trois fois.

La vente des immeubles, après décès, soit pour payer les dettes du défunt ou pour accomplir la volonté de ce dernier, doit être faite aux enchères, après avoir été publiée en ville pendant trois jours et le plus fort enchérisseur est déclaré propriétaire.

En matière immobilière, la prescription est de dix ans; la possession paisible et non interrompue pendant dix ans, sans aucune réclamation ou aucun refus de faire droit de la part du possesseur peut donc donner la propriété, sauf le cas où la réclamation émane d'un orphelin qui n'avait pas dix-huit ans au moment de l'éviction.

Toutes les conventions matrimoniales doivent être exécutées; la femme est maîtresse de l'avoir et des biens que ses parents lui ont donnés et elle n'a plus rien à réclamer, à moins de donation de la part de ses parents ou à défaut d'autres enfants.

La femme ne peut faire une donation de meubles à son mari ou à une autre personne pendant le mariage, si la faculté de faire de pareilles libéralités n'a été réservée au moment du mariage.

En cas de prédécès de la femme, la dot immobilière revient aux héritiers de la femme, si elle ne lui a pas été donnée pour être vendue ou pour en disposer à son gré ou comme l'équivalent d'une somme d'argent.

L'article 90 des coutumes de Larroque-Timbaud contient, en outre, la disposition suivante : La femme ne peut léguer à son mari qu'une somme en argent équivalente au plus à la moitié de la valeur de l'immeuble dotal. Il n'est point question des conventions matrimoniales et des biens de la femme mariée, dans les coutumes de Valence, Castel-Amouroux, Saint-Pastour.

Les notaires publics sont institués par le baile et les consuls.

Le notaire convaincu d'un faux aura le poing coupé et ses biens seront confisqués. L'auteur d'un faux et celui qui s'en sert sciemment d'un faux sont mis hors du droit de Puymirol.

Ces pénalités ne se trouvent point dans les coutumes de Clermont-Dessus, Larroque-Timbaud, Valence, Castel-Amouroux, Saint-Pastour.

Police et administration.

Le marché se tient le mardi.

Les vendeurs étrangers paieront les droits de leude sur les choses vendues, suivant un tarif contenu dans l'article 21 des coutumes de Puymirol.

Il y aura une foire tous les ans, le jour de la Sainte-Foy, le 6 octobre; elle durera huit jours.

La tutelle administrative s'exerçait avec rigueur : il fallait un acte de l'autorité supérieure pour établir une foire nouvelle ou changer le jour d'un marché.

En 1369, Louis, duc d'Anjou, confirmant les privilèges de Puymirol (1) et en accordant de nouveaux, ajoute deux autres foires, celle de la Sainte-Croix (3 mai) et de la Saint-Julien (15 novembre).

Cette foire était presque franche, les droits d'entrée et de sortie ne dépassant pas quatre deniers.

Les revenus de la boucherie appartiennent au seigneur qui exerce le monopole de la vente de la viande.

Les habitants pourront moudre le blé dans leurs moulins, en payant au seigneur le droit du seizième; ils pourront faire cuire, dans leurs fours, le pain nécessaire à leur consommation.

Un droit de vente de deux deniers par semaine est imposé aux boulangers.

Tout habitant, pour faire cuire son pain et celui des autres, paiera douze deniers par semaine.

Le droit seigneurial est de un pain sur vingt, pour le pain cuit dans tous les fours.

(1) *Ordonnances*, V, 319.

Délits et amendes.

La punition des délits et la condamnation aux amendes sont l'œuvre de la cour du baile formée du baile, des consuls et des autres prudhommes. Le baile et les consuls procèdent en commun, sur dénonciation, aux informations criminelles ou concernant les délits et méfaits divers. Les coutumes de Larroque-Timbaud ajoutent (art. 65) qu'ils informent d'office pour homicide et pour vol.

Nous avons déjà vu que quatre prudhommes élus tous les ans par les consuls entrant en charge sont, pour un an, juges d'appel.

Il n'est pas question dans les coutumes de Puymirol, comme dans les coutumes de Castelsagrat, des coups et blessures sans effusion de sang.

Si le sang coule et s'il y a plainte de la partie lésée, l'amende est de 63 sous.

Si le coup est mortel, l'auteur est fait prisonnier. La condamnation pour assassinat entraînait la perte des biens et de la vie par l'inhumation sous le corps de la victime.

Quant aux disputes ou injures, il doit être statué dans les trois jours qui suivent la plainte. Le plaignant a droit à des dommages-intérêts, à l'estimation du baile et de sa cour.

Le baile et sa cour pourront contraindre les témoins qui s'y refuseraient, à venir déposer.

Celui qui enlèvera un gage pris par le baile sera passible d'une amende de 5 sous et devra le remettre où il l'aura pris.

Les adultères, pris sur le fait, devront courir nus par la ville et seront exposés au pilori ou transigeront avec le baile. A Riom, à Castelsagrat, ils ont la faculté de courir ou de payer chacun, à Riom, 60 sous, à Castelsagrat, 100 sous.

Il est défendu d'entrer dans les jardins, vignes ou prairies d'autrui et d'y rien prendre, sous peine de 63 sous d'amende, si le vol est commis la nuit et de 5 sous, si le vol est commis le jour. A Castelsagrat, l'amende est de 2 sous et demi seulement.

Les poids et mesures doivent être pareils aux poids et mesures d'Agen (1).

Les droits de mesurage qui varient suivant la nature des objets, doivent être acquittés, au profit du seigneur, par l'acheteur; 65 sous d'amende contre qui se servira de faux poids, de mauvaises mesures ou de fausses cannes. Pour une mesure fausse de blé ou de vin, l'amende est de 5 sous la première fois et de 65 sous en cas de récidive.

Le vin doit être vendu sans eau et sans aucun mélange, sous peine de 45 sous d'amende et de 65 sous si le vendeur avait juré n'avoir fait aucun mélange et s'était ainsi parjuré.

Le pain qui n'aura pas le poids réglementaire sera donné aux pauvres.

On pouvait refuser le duel ou combat judiciaire.

Tels sont, dans leur substance, les priviléges et coutumes que reçurent, en 1286, les habitants de Puymirol et dont ils demandèrent la confirmation en 1342, à Cahors, à l'évêque de Beauvais, lieutenant du roi en Gascogne, Agenais, Bordelais et Saintonge; en août 1346, à Aiguillon, à Jean, duc de Normandie, le futur Jean le Bon (2).

Jean ajoute aux coutumes concédées 3 articles nouveaux :

1° Les habitants de Puymirol y seront jugés par leur seigneur et par les consuls et ne pourront être jugés dans une autre juridiction ;

2° Les consuls de Puymirol pourront élire trois sergens. Ces sergens pourront porter des armes comme les sergens royaux, mettre à exécution les jugements rendus par les consuls et faire payer ce qui est dû à la ville;

3° Les habitants et leurs marchandises seront exempts dans tout le royaume de péage et des droits d'entrée et de sortie.

Louis, duc d'Anjou, lieutenant du roi *in partibus occitanis* confirme de nouveau, à Toulouse, dans un document en 16 articles, le 4 avril 1369, les priviléges accordés à Puymirol; Charles V, à Paris, en juin 1370, ratifie cette confirmation (3),

(1) *Coutumes d'Agen*, ch. 3 et 37.
(2) *Ordonnances*. VIII, 371.
(3) *Ordonnances*, V, 310.

conformément à l'article 16 des priviléges nouveaux de Louis d'Anjou et dont voici l'analyse :

Art. 1". Confirmation des priviléges de la ville de Puy-Mirol.

Art. 2. Outre les foires qui se tiennent dans cette ville, le jour de la fête de Sainte-Foy (1), il s'y en tiendra deux autres, le 3 de may (2) et le 13 de novembre (3).

Art. 3. Les consuls pourront faire construire dans la place de la ville, une maison couverte et deux halles, y placer des tables (pour vendre des marchandises) et louer ces tables dont le produit sera employé aux dépenses communes de la ville.

Art. 4. On ne pourra saisir les effets des habitants de cette ville, par l'ordre de quelque personne que ce soit, sans avoir présenté cet ordre au baile : et les effets qui auront été saisis après cette formalité, ne pourront être vendus que quinze jours après celui de la saisie.

Art. 5. Les demandes qui ne dépasseront point 100 sous ne seront point faites par écrit, mais seulement verbalement.

Art. 6, 7. Les habitants non nobles de cette ville jouiront des fiefs et autres droits nobles qu'ils posséderont depuis trente ans.

Ils jouiront des fiefs et autres droits nobles qu'ils pourront acquérir pendant l'espace de dix ans ; pourvu cependant qu'il n'y ait point de forteresses sur ces fiefs ni d'arrière-fiefs qui relèvent de ces fiefs.

Art. 8. Le baile de cette ville pourra donner des tuteurs et des curateurs, les déposer et en nommer d'autres à leur place.

Art. 9. Les appels des sentences du baile et des consuls de cette ville seront portés devant quatre personnes qui seront élues à cet effet.

Si on interjette appel de la sentence de ces quatre personnes, devant le sénéchal d'Agen ou le juge ordinaire, eux ou leurs lieutenants seront obligés de venir donner leur jugement dans la ville de Puy-Mirol.

(1) 6 octobre.
(2) A la Sainte-Croix.
(3) A la Saint-Julien.

Art. 10. Lorsqu'un habitant de cette ville fera un procès devant les juges royaux, à un autre habitant, sur le fondement d'un titre qui sera suspect, le procès ne pourra être commencé sans que le baile ou les consuls aient fait une information sur ce titre et n'aient déclaré que l'on peut procéder au jugement du procès; si ce n'est cependant dans les procès où il s'agira du crime de lèse-majesté.

Art. 11. Les sentences rendues par le baile ou les consuls de cette ville, ou par les quatre personnes élues pour juger sur l'appel des sentences du baile ou des consuls, ne pourront être cassées par le sénéchal d'Agen ni par quelque autre juge que ce soit, si l'une des parties n'en interjette appel devant eux.

Le sénéchal d'Agen ni quelque autre juge que ce soit, ne pourront évoquer devant eux les procès pendants par-devant le baile ou les consuls de cette ville, s'ils n'en ont une cause juste et raisonnable.

Art. 12. On ne pourra faire d'information contre un habitant de cette ville, qu'en présence de deux consuls, s'ils veulent y assister.

Si l'information se fait contre un consul, deux des personnes élues pour juger l'appel des sentences du baile et des consuls, seront requises d'y assister, si elles le jugent à propos.

Art. 13. Le roi donne aux consuls de cette ville une prison qu'ils seront tenus de réparer et de fortifier et dans laquelle seront détenus, sous les ordres du baile, ceux qui ne seront point de cette ville.

Art. 14. On restituera aux habitants de cette ville les biens situés hors de leur territoire qui leur appartiennent et qui leur ont été enlevés pendant les troubles de la guerre.

Art. 15. Rémission est accordée aux habitants de cette ville de tous les crimes et même de ceux de lèse-majesté qu'ils pourront avoir commis.

Art. 16. Le roi confirmera par ses lettres patentes les privilèges accordés par le duc d'Anjou aux habitants de cette ville.

Enfin, le 18 avril 1400, à Paris, Charles VI vidime en les

confirmant toutes les concessions de coutumes faites à la ville de Puymirol par ses prédécesseurs (1).

Les coutumes de Puymirol, comme celles accordées durant le xiii* siècle et la première partie du xiv* siècle, n'allaient pas tarder à être réduites à l'état de lettre-morte, avant la date de leur abolition officielle.

Emile REBOUIS.

(1) *Ordonnances*, VIII, 371 et suiv.

SOMMAIRE DES COUTUMES DE PUYMIROL.

Concession des coutumes.
1. De la caution judiciaire.
2. Du délai accordé pour trouver un défenseur.
3. Du serment.
4. De l'appel.
5. Des délais de conseil et de réponse.
6. Des témoins.
7. Des avocats désignés d'office par le baile.
8. Des faux témoins.
9. Des délais de réponse.
10. Des disputes et des injures.
11. Des témoins récalcitrants.
12. Des outrages par voies de fait et en paroles.
13. Des coups et blessures.
14. De l'homicide.
15. Des enquêtes sur les méfaits.
16. Des litiges entre étrangers et habitants de Puymirol.
17. De l'adultère.
18. Renonciation aux droits de quête, emprunt, prêt, ou.
19. Liberté garantie aux habitants de Puymirol.
20. Du marché le mardi.
21. Droits de marché; exemption des droits pour les habitants.
22. Privilèges des chevaliers.
23. Devoirs des chevaliers.

COUTUMES

DE

PUYMIROL EN AGENAIS

(13 décembre 1286)

Concession des coutumes.

In nomine Patris et Filii et Spiritus Sancti, amen. L'an de la encarnacio de nostre senhor, 1286, lo 13ᵉ jour de décembre; nos Edwart par la grâce de Dieu, rey d'Englaterra, senhor de Yrlanda e duc de Guyana, donam e autreiam per nos e per tots nostres successors, per tos temps, al nostres amats, a tots e a cadau los habitants els habitadors de Grand Castel del ibescat d'Agenes, lo qual ere ia edificat en onor de Dieu tot poderos e de la gloriosa Virgina nostra dona sancta Maria e de tots sants e de todas sanctas, las costumas desots scriutas.

1. *De la caution judiciaire.*

Primerament, los autreiam, per costuma, que tot hom del predihg castel del qual nostre Bailes del meihs loc aura cla-

---

Concession des Coutumes.

Le 13 décembre 1286, Édouard, roi d'Angleterre, seigneur d'Irlande, duc de Guyenne, concède et octroye, pour lui et ses successeurs, à tout jamais, à ses aimés les habitants du Grand-Château de l'évêché d'Agen, lequel a été bâti jadis en l'honneur de Dieu tout-puissant et de la glorieuse Vierge Notre-Dame Sainte-Marie et de tous les saints et saintes, les coutumes suivantes.

1. *De la caution judiciaire.*

Tout habitant de Puymirol au sujet duquel une plainte est portée à notre baile, donnera caution au baile, s'il peut le faire, et si elle lui est demandée.

mant, dara fermansa al nostre Baille, si donar no pot nil Bailes
len demanda. E si fermar no pot, jurara sobre sa s Euvangelis
quel plahg persigra a esgard del Baile e de sa cort e que no
pot donar fermansa per aquo plahg.

E la corts de nostre Baile deu esser del meihs Baile e del
cossehl e dels autres proshomes del dihg castel. E nos ol nostre
Bailes aurem v. sols de gatge del vencut e v. sols en defalhiment de dia assignat, e v. sols de tot home, quil redes fermansa
si l'en demanda, si clamor na, per cada dia que las i demandara fermansa no l'en donava o si no fazia lo sagrament aishi
cum digh es. E empero tots hom a cui sera dias assignats
devant la baile o si a demandeire o defendeiras, pot lo dia de-
zemplaiar devant lo dia peraibs conogud e non es tengutz de
gatge al baile ni d'esmenda far a l'autra part.

2. Du délai accordé pour trouver un défenseur.

E tots hom que ara plagh ab autre devant lo baile o devant
lo consehl e no a razonador, deu aver viii. dias continuables
per avec rasonador, si o demanda.

S'il ne peut cautionner, il jurera sur les saints Évangiles qu'il suivra l'ac-
tion devant le baile et sa cour, et qu'il ne peut donner caution pour ce
procès.

La cour du baile est formée du baile, des consuls et des autres prudhommes du château.

Nous ou notre baile aurons 5 sous d'amende de la partie qui succombe,
5 sous pour la non-comparution au jour indiqué et 5 sous de tout homme
qui n'aura pas donné caution, pouvant le faire, pour chaque jour de retard
à la donner, s'il ne la donnait pas et ne faisait pas le serment usité en pareil
cas.

En outre, tout homme à qui un jour aura été assigné devant le baile,
quand, demandeur ou défendeur, il peut devancer le jour de la comparution,
n'est pas tenu de payer une amende au baile ni de faire une réparation à
l'autre partie.

2. Du délai accordé pour trouver un défenseur.

Tout plaideur devant le baile ou les consuls qui n'a pas d'avocat, a droit
à 8 jours pleins pour en trouver un s'il le désire.

3. *Du serment.*

E nostre bailes aura sobre tot hom del meihs castel a cui
sera judiads sagramentz devant lo meihs bailo, si far nol au-
zira, v. sols de gatge.

Empero, si aquel a cui devra far lo sagrament si vol laishar
far, o pot, sil vol, el Bailes nor deu aver nogu gatge. El bailes
deu far pagar tot primerament lo clamant avant qu'en prenga
aulh gatge.

4. *De l'appel.*

E sil Bailes judiauci aleu plahg ab sa cort, calcuna de las
partidas quel plahs auran devant lui, se tenia per greviada
daquel judjament, pot apelar daquel greviament als iiii. pros-
tomes, enlegits pel faibg de las appelacios per tot lan. E si
aquel que aura apelat es vencuts daquela appellacio, donara al
baile v. sols de gatge per lameisha appellacio. E deu aver fermat
avant al bailo pel faibg de la meisha appellacio. E, entretant, lo
plahg principals no deu avar enant, tant cum la meisha appellacios durara. Empero si a obs adobs en aquel judjament del
qual sera estad apelat, neguna de las partidas no son tengud

---

3. *Du serment.*

Le baile a 5 sous d'amende de tout homme qui, devant sa cour, refuserait
de prêter le serment qui lui est déféré.

Si celui à qui doit être fait le serment, veut en rester là, il le peut et le
baile n'a, dans ce cas, aucune amende à recevoir.

Le baile doit, tout d'abord, faire payer le plaignant, avant de toucher l'a-
mende pour lui-même.

4. *De l'appel.*

Le baile, avec sa cour, ayant rendu un jugement, si l'une des parties se
croit lésée par la sentence, elle peut en appeler aux quatre prudhommes élus
pour juger, en appel, durant l'année.

L'appelant débouté de son appel, donnera au baile 5 sous d'amende pour
l'avoir interjeté.

Il doit d'ailleurs avoir donné caution au baile pour le fait de cet appel.

Pendant la durée de l'appel, l'exécution du premier jugement est suspendue.

Si un arrangement intervient pour le jugement dont est appel, aucune des

de gatge donar al Baile ni de costs ni de messios pagar la una
parts a l'autra.

5. *Des délais de conseil et de réponse.*

E tots hom aura de tot plahg que aia devant nostre Baile o
devant lo cosselh del dihs castel, si es jurats del meihs castel,
vIII. dias continuables per cossehl e vIII. dias per respota si o
demanda. Empero s'il demandeires navia carta publica, lo de-
fendeires non aura mas III. dias de respota apres los vIII. dias del
cosselh, salb que de tot dessaziment que ades fos fahgs e de
mustre e de latronici, no aura negu dia mas que ades responga,
e de pals envaida III. dias de respota tant solament e no plus
per cossehl ni per als.

6. *Des témoins.*

E tots hom que traira testimonis, sobre alcu cas, devant
nostre baile o devant lo cossehl, deu aver vIII. dias per proar
o mehns si o demanda.

E sil a premier dia no pot aver sos testimonis en cort, deu

---

parties n'est tenue de donner une amende au baile, ni de payer les frais ou
les dépens à l'autre partie.

5. *Des délais de conseil et de réponse.*

Tout homme aura, dans tout procès devant le baile et les consuls, s'il est
justiciable de Puymirol, 8 jours pleins de conseil et 8 jours de riposte, s'il
les demande.

Si le demandeur avait un titre public, le défendeur n'aura que trois jours
pour riposter après les 8 jours de conseil.

Pour tout dessaisissement, déjà effectué, pour un meurtre ou un vol, il
n'aura pas un jour, mais répondra tout de suite et, après l'attaque, il aura
trois jours seulement de réponse et pas davantage, pour conseil ou pour tout
autre motif.

6. *Des témoins.*

Quiconque veut produire des témoins devant le baile et les consuls, doit
avoir 8 jours pour préparer sa preuve, ou moins, s'il le demande.

Si, une première fois, il ne peut produire ses témoins devant la cour, il
doit avoir un deuxième jour pour les faire venir et même un troisième, les

se aver autre dia per far venir sos testimonis en cort, entro que
n'aia aguds III. dias, cadau de VIII. dias continuablament assignats, ab que al primier dia mentava sos testimonis al judge o
als judges que i seran en secret; e que jure sobre sanca evaungelis, en la cort, que, a bona fe, agra aquels testimonis, si
pogues; e si per lui no volo venir, lo Bailes los deu far venir
per portar testimoni daco don seran trahg, agud corporal sagrament daquel qui los traira per lui ne volo venir et que na
fahs son poder a bona fe.

Empero si alcus dels testimonis no era en la terra, deu ne
aver dia a albire del Baile e de sa cort, ab que jure sobre sancs
evaungelis que no o fasa per nulha defucha ni per plahg alongar.

E aquihl que auran auzids los testimonis nommar e mentaure e seran estad al judjament, devo tenir selat tot tant i sera
dihg ni fahg entro que sian publicat per aquels qui los devran
publicar. E si negus o descrubia quei fos estads, deu s'en ga-
diar en XX. sols al Baile.

7. *Des avocats désignés d'office par le baile.*

E si alcus hom que aia plahg ab autre devant lo baile e de
sa cort, no pot aver razonador, lo Bailes et sa corts len deu

---

trois renvois étant à huit jours d'intervalle, pour assigner les témoins; pourvu
qu'à la première audience il fasse connaître ses témoins au juge ou aux juges
présents, secrètement et qu'il jure sur les saints Évangiles, devant la cour,
que, de bonne foi, il aura ses témoins, s'il le peut.

Et s'il ne peut les avoir, le baile doit les faire venir pour témoigner du
fait pour lequel ils sont cités, après le serment que celui qui les avait mandés
n'a pu les faire venir et qu'il a usé de tout son pouvoir, en bonne foi.

Si un des témoins était hors de la seigneurie, il doit avoir un jour, au
choix de baile et de sa cour, pour jurer sur les saints Évangiles qu'il ne s'est
conduit ainsi pour aucun défaut ni pour prolonger le procès.

Et ceux qui auront entendu nommer et rappeler les témoins et auront
assisté au jugement, doivent tenir secret tout ce qui se sera dit ou fait, jusqu'à ce que la publicité ait été faite par ceux qui doivent la faire.

Si quelqu'un divulguait ce qui s'est passé, il doit donner 20 sous au baile
pour caution.

7. *Des avocats désignés d'office par le baile.*

Quand un habitant ayant un procès devant le baile et sa cour ne peut avoir
un avocat, le baile et sa cour doivent lui en fournir un, s'il le demande,

donar, si o demanda, ab quel done razonablament de sos diners daquels que seran en la cort.

E si en la cort non avia, en avia treps de lautra part, lo Bailes e sa corts len devo donar un razonador, daquels que se-ran de lautra part, aquel que demandara apres un. E si aquel razonaires no volia razonar aquel home cant lo Bailes e sa corts lo auran dibg, no razonara dun an negu plabg en la cort del Bailes nil del cossel del dibg castel, si per justa excuzacio dezacusar nos podia que nol degues razonar a conoguda de la cort.

8. Des faux témoins.

E si alcus hom trazia fals testimonis en cort contra alcu homo o alcuna femna, per loguier ni per als, aquel qui los traira el meihs testimonis fals, correran lo dibg castel publica-ment, las lenguas traucadas e totas lors causas seran encorsas al senhor, lors deutes pagats.

Empero, volem que si ihg o negus de lor, teno nulha heretat a feus, que aquela sia venduda dins un an e un dia a ital persone qu'en fassa las costumas del castel, salb que no o venda a clerc ni a cavoer ni a nulha maily d'ordre ni de religio; e seran publicat per falsoners o fors jurat del castel per tos temps.

---

pourra qu'il donne une somme convenable, parmi les avocats qui sont près de la cour.

Et s'il n'y en avait pas près de la cour, ou s'ils étaient tous de la partie adverse, le baile et sa cour doivent lui donner un des avocats qui sont pour l'autre partie, celui qui se présentera après le premier.

Et si cet avocat se récusait, malgré l'irritation du baile et de sa cour, il ne pourra plaider d'une année devant le baile et les consols du château, à moins qu'il ne prouve que, par une excuse légitime, il ne pourrait plaider devant la cour.

8. Des faux témoins.

Quiconque produit de faux témoins devant la cour contre son adversaire moyennant une récompense ou autrement, lui et les faux témoins devront courir à travers la ville, la langue percée, et tous leurs biens seront acquis au seigneur, après le paiement de leurs dettes.

Nous voulons, en outre, que si l'un d'eux tenait une terre en fief, elle soit vendue dans le délai d'un an et un jour à telle personne qui se confor-mera aux coutumes du château, à l'exception cependant d'un clerc, d'un chevalier, de maison de chevalerie, de couvent; et ils seront proclamés faus-saires et, à jamais, hors des droits de Puymirol.

9. *Des délais de réponse.*

E deu bom aver vIII. dias continuables, si o demanda, per dira contra los dihgs e contra las personas dels testimonis, cant li testimoni e li lor dihg seran publicat.

10. *Des disputes et des injures.*

E de tota batero e de mal dihg don venga clams al Baile o al cossehl rancura, deu esser delivrat dins III. dias continuables e li testimoni devo esser trahs dins los meihs III. dias.

11. *Des témoins récalcitrants.*

E si li testimoni no volo venir per aquel qui los aura trahs, lo Bailes e sa corts los deu far venir ades, de manera que dins aquels III dias, sia tot delivrat.

Empero, sil deffendeires no avia sos testimonis aparelhats, si li covenia a traire testimonis, deu avar aishi cum desus es dihg, en la produccio del testimonis.

---

9. *Des délais de réponse.*

Huit jours pleins sont accordés à celui qui les demande, pour contredire les dépositions des témoins ou pour récuser les personnes des témoins, lorsque les témoignages et les dépositions seront publiés.

10. *Des disputes et des injures.*

Pour toute dispute ou injure dont une plainte est portée au baile ou aux consuls, il sera statué dans les 3 jours et les témoins doivent être cités dans ces 3 jours.

11. *Des témoins récalcitrants.*

Si les témoins ne veulent pas comparaître à la requête de celui qui les a cités, le baile et sa cour doivent les faire venir incontinent, de manière que, dans les 3 jours, l'affaire soit terminée.

Si le défendeur n'avait pas ses témoins prêts et s'il lui convient d'en produire, il doit en avoir la facilité, comme il est dit à la production des témoins.

12. *Des outrages par voies de fait et en paroles.*

E si alcus hom fa onta a autre per fahg o per dihg, fara ne
emendz a aquel acui aura facha aquela aonta, a albire del
Baile o de sa cort, si o demandava.

13. *Des coups et blessures.*

E si alcus trazia sancg a autre ab basto o ab fust o ab peira
o ab teula o ab ferrament, lo senhor i deu aver LXV. sols de
gadge, d'aquel qui colp aura fahg, si clamor nes facha quant
sera proat ashi cum deu.

Empero sil cop es mortals, deu esser guardatz aquel quil
cop aura fahg, en poder del Baile, entro que sia conogud sil
plagats murra d'aquela plaga, o no.

14. *De l'homicide.*

E si mor d'aquela plaga, aquel omecida sera sebelits deios
lo mort, e aco ades; e totas sas causas seran encorsas al
senhor, pagats sos deutes el aver de sa molher, si molher a,
e aco quel plagats aura costad demeciar.

---

12. *Des outrages par voies de fait et en paroles.*

Quiconque outrage un habitant par voies de fait ou en paroles, devra une
réparation à ce dernier, à l'estimation du baile et de sa cour, si cet avis leur
est demandé.

13. *Des coups et blessures.*

Si quelqu'un blesse jusqu'au sang une personne avec un bâton, un morceau
de bois, une pierre, une tuile ou avec une arme, le seigneur recevra 65 sous
d'amende de celui qui aura fait le coup, s'il y a plainte et si la chose est
prouvée.

Si le coup est mortel, l'auteur sera gardé au pouvoir du baile jusqu'à ce
que la victime meure, ou non, de la blessure.

14. *De l'homicide.*

Si la blessure est suivie de mort, l'homicide sera enseveli sous sa victime,
et cela sans retard.

Tous les biens du meurtrier seront acquis au seigneur, les dettes et l'avoir
de sa femme étant réservés.

15. *Des enquêtes sur les méfaits.*

El cossehl del dihg castel pot enquerre communalment ab lo baile de tota malafacha que hom aia facha el castel ni en sos apertenemens, cant clamants o rancurants ner ilhits, coras que sia fahg de nubgs o de dias, de fuc metre o, de vinhas o d'albres o de blats talar, o d'autras malas fachas rescostanhas.

El senher nil Bailes no pot far daco inquisicio, senes lo cossehl nil cossehl senes lo baile o de son cossehl.

16. *Des litiges entre étrangers et habitants de Puymirol.*

E si nuhls hom estranhns de iii. legas en foras, a plabg ab autre que sia del dihg castel, de diniers o de causa mobla, deu enquerre l'ome del castel, enants que s'en clame; e, s'il vol far drehg a conoguda del baile o del cossehl, ne s'en deu clamar e deu ades far son deman el autre deu ades respondre al dihg deman.

E si testimonis ia obs, deu venir per lors dias assignats, aishi cum desus es dihg sobrel fahg dels testimonis.

---

15. *Des enquêtes sur les méfaits.*

Les consuls peuvent, de concert avec le baile, s'enquérir de tout méfait qu'un homme aurait commis dans le château ou dans ses dépendances, lorsque des plaintes ou des réclamations auront été faites, qu'il s'agisse d'un acte accompli de nuit ou de jour, de feu mis volontairement, de vignes, d'arbres, de blés coupés ou d'autres méfaits tenus cachés.

Le seigneur et le baile ne peuvent faire là-dessus une enquête sans les consuls, ni les consuls sans le baile.

16. *Des litiges entre étrangers et habitants de Puymirol.*

Si un étranger demeurant à trois lieues de Puymirol a un procès avec un habitant de la ville, soit qu'il s'agisse d'une somme d'argent ou de choses mobilières, il doit s'adresser à lui avant de porter plainte.

Si ce dernier veut faire droit à la réclamation, au su du baile et des consuls, il ne doit pas se plaindre, mais faire aussitôt sa demande à laquelle l'habitant répondra immédiatement. S'il est besoin de témoins, ils doivent venir aux jours fixés, ainsi qu'il est dit sur le fait des témoins.

Si un habitant a fait une convention avec un autre habitant de Puymirol

Empero, si alcus homo o alcuna femna a fahg covent ab home del castel, foras lo meihs castel, entre alcuna causa d'aquel covent, deu proar lo remanent aqui on li covent seran estad fahg, si testimonis ia obs. E, de tot plahg que sera devant lo baile o devant lo cossehl del dihg castel, entre alcu home estrahn o privat, nuhls no pot far l'ome jurat del castel, si del castel non i avia cab carta de notari public, negu fahg quo sia del castel ni de sos apertenemens dins lo castel, ni dins sos apertenemens, si no era de boulament de terras o d'autras onors o dels covents avant dihgs.

17. De l'adultère.

E tots hom que sera pres ab femna maridada, o tota femna quo sera presa ab home molherat, ambidoi correran la vila tuhg nud, liat d'una corda e poi aran en l'espillori o s'acordaran del tot ab nostre baile, razonablament.

E si alcus hom o alcuna femna los o donava retrahg, cant auran corregud, deu s'en gadjar xx. sols al Baile e dressara a aquelo o a aquele acui o aura retrahg, a albire del Baile e de sa cort, sil hom o la femna que auran corregud s'en rancuran a lor.

Empero lo senher nil Bailes no pot ni deu prendra home ni femna en azulteri, senes dui al mehns o mais dels pros homes del meihs castel, e que sia trobat nud o nud, e bragas trachas.

---

hors de la ville, pour tout ce qui est relatif à cette convention, il doit prouver le surplus là où la convention a été faite et par témoins, si besoin est.

Dans tout procès devant le baile ou devant les consuls, avec un étranger ou un particulier, nul ne peut faire quelqu'un justiciable de Puymirol, s'il n'avait en acte émanant d'un notaire public, un fait passé dans le château ou ses dépendances, s'il ne s'agissait de bornages de terres ou d'autres fiefs ou des conventions susdites.

17. De l'adultère.

Les coupables devront parcourir la ville tout nus, liés par une corde, et puis ils seront exposés au pilori ou transigeront avec le baile à l'amiable.

Si quelqu'un leur donnait asile après leur promenade, il doit donner 20 sous de caution au baile et fera connaître à ceux qu'il aura recueillis la décision du baile et de sa cour, si l'homme et la femme qui ont couru se plaignaient de sa conduite.

Le seigneur et le baile ne peuvent constater le délit d'adultère sans deux prudhommes au moins, le délit se commettant.

18. *Renonciation aux droits de quête, emprunt, prêt, don.*

Apres aiso, autreian que nos ni hom per nos, no devem aver questa ni maleu ni prest ni do, per forsa de senhoria ni en autra manera, per nuhl temps, dels homes del dihg castel si no era per volental de tota la universitat dels homes del dihg castel o per lor voluntal.

19. *Liberté garantie aux habitants de Puymirol.*

El senher nil Bailes, ni hom per lor, no pot ni deu prendre nuhl home del dihg castel qui drehs vulha far, ni far lo pusca; ni per nuhl plahg nol deu menar ni mandar foras le meihs stel, si no era forfahs per mort o per deffarement.

20. *Du marché le mardi.*

El volem quel mercats del dihg castel sia, per tos temps, cascu dimars (1); e quel mercats sia segurs dins los dex del meihs castel; e tols homes e totas femnas que al mercat vendran, al anar e al tornar, lo dia e lendema, si home mort no i avia o pres no tenia o no devia deute conogud a home del meihs castel.

---

18. Renonciation aux droits de quête, emprunt, prêt, don.

Nous ou notre mandataire ne devons avoir ni quête, ni emprunt, ni prêt, ni don, en raison de notre seigneurie, ou pour tout autre motif, des hommes de Puymirol, si ce n'est du consentement de tous les habitants et de leur plein gré.

19. Liberté garantie aux habitants de Puymirol.

Le seigneur, le baile ou leur mandataire ne peuvent et ne doivent arrêter un habitant de Puymirol qui veut faire droit et peut le faire; pour aucun procès, ils ne doivent le conduire ou le mander hors de la ville, s'il n'est forfait pour cause d'homicide ou pour toute autre infraction.

20. Du marché le mardi.

Le marché a lieu tous les mardis et nous voulons qu'il se tienne en sûreté dans les limites de Puymirol et que protection soit faite à tous ceux qui viendront au marché, à l'aller et au retour, le jour même et le lendemain, sauf le cas de crime, de vol ou de dette envers un habitant de Puymirol.

(1) Le marché, à Puymirol, se tient, de nos jours, le vendredi; de même, à Valence, les coutumes de 1283 fixent au jeudi le marché qui a lieu, aujourd'hui, le mardi.

21. *Droits de marché; exemption des droits pour les habitants.*

El senher aura tot dia, per tos temps, leida el meihs castel,
en las causas venals; so es assaber, en porc o en truia que sia
venduts o venduda per home estrahn, mealha; e en doas
bestias menudas, sian ovelhas o crabas, o boc o mouto o
crasto, mealha e en una sola d'aquestas bestias menudas no
ani deu ro aver ni en v. mas i. d.

E en bou e en vaca vio o viva i. d.; e en azeo en sauma ii. d.
E en tota autra bestia cavalina iiii. d., si no era popants. E en
mulho en mulha iiii. d. si no era popants.

E si nuhls hom estrahns panava la dicha leida que no la
pagues, lo Bailes ne deu aver v. sols de gatge. E tots hom et
tota femna del meihs castel es franx e franca el meihs castel
o en sos apartenemens de la dicha leida.

El senhel aura en porc o en truia que sera venduts o venduda al mazel ii. d. e en bou e en vaca iiii. d. e en ovelha,
e en mouto e en crasto, mealha, o en boc e en craba,
mealha.

---

21. *Droits de marché; exemption des droits pour les habitants.*

Le seigneur aura toujours les droits de leude à Paymirol, sur tout ce qu
est mis en vente; à savoir, pour un porc ou une truie vendus par un étranger,
une maille; pour deux bêtes petites, brebis, chèvre, bouc, mouton ou bélier, une maille.

Pour un seul de ces animaux, il n'est perçu aucun droit; pour cinq, il
n'est pas dû plus d'un denier.

Pour un bœuf, une vache vivants, 1 denier; pour un âne ou une ânesse,
2 deniers.

Pour toute autre bête chevaline, 4 deniers, si elle est sevrée.

Pour un mulet ou une mule, 4 deniers, s'ils sont vivants.

Si un étranger fraude les droits de leude et ne les paie pas, le baile lui
infligera 5 sous d'amende.

Tout habitant de Paymirol est exempt de ces droits de leude dans la ville
et ses dépendances.

Le seigneur aura, pour un porc ou une truie vendus au boucher, 2 deniers; pour un bœuf ou une vache, 4 deniers; pour une brebis, un mouton,
un bélier, une maille, et pour un bouc, une chèvre, une maille.

22. *Privilèges des chevaliers.*

E li cavoier del dihg castel son franc de totas las messios del castel, salb la sarradura del meihs castel e salb estigachas.

Empero, de las cauzas que d'aici enant conquerran d'aquelas personas que las lor franquezas no an ni devo aver, quals que sian, ni cum que las aiam, per compra ni per do ni per pehns, ni en autra manera, devo far, en totas las costumas del castel, aishi cum r. autre proshom del meihs castel en totas causas.

23. *Devoirs des chevaliers.*

E que devo venir li predihs cavoier, al mandament de nostre baile e del cossehl del meihs loc, totas oras quels mando; e devo demandar e seguir, ab los autres castlas, tota forsa e tota enjuria e tota malafacha que hom fes al castel ni als estatiants del meihs loc. E cant li castla, so es assaber li senhor dels o dals, en lors proprias personas gacharan, li cavoier del meihs loc devo far la estilgacha ab lors cors et ab lors armaduras et ab lors cavals totas oras que obs i auran per cocha del Castel.

---

22. *Privilèges des chevaliers.*

Les chevaliers sont exemptés de participer à toutes les dépenses du château, à l'exception de celles relatives à la fermeture et au service du guet du château.

Pour les choses que désormais ils acquerront des personnes qui n'ont et ne doivent pas avoir les mêmes franchises, quelles qu'elles soient, et quelle que soit la façon dont ils les ont eues, par achat, don ou en gage, ou de toute autre manière, ils doivent se conduire, en toutes choses, selon les coutumes de Paymirol, comme les autres prudhommes.

23. *Devoirs des chevaliers.*

Les chevaliers doivent répondre à la convocation du baile et des consuls de Paymirol, toutes les fois qu'ils la recevront, et ils doivent demander et poursuivre, avec les autres habitants du château, la réparation de toute violence, de toute injure, de tout méfait commis dans le château contre les habitants de Paymirol.

Et quand les châtelains, c'est à savoir les seigneurs, feront faire le guet pour leur propre personne, les chevaliers doivent faire le guet en personne, avec leurs armures et leurs chevaux, toutes les fois que la chose sera nécessaire pour le service du château.

24. *Devoirs du seigneur enrers les chevaliers.*

E per meisha manera, devo li Castla del meihs Castel demandar e seguir tota forsa e tota enjuria e tota malafacha que
hom fes als cavoiers del meihs loc ni a lors cauzas.

25. *Des contestations de propriété.*

E si alcus hom o alcuna femna demanda en cort terra o honor o autra heretat a autre quen tenga possecio, lo deffendeires
aura viii. dias per cosschl, si o demanda e viii. dias per resposta
a la demanda, e viii. dias per terra garda o mehns, si mehns
ne vol, e iii. dias por reire garda o mehns, si mehns ne vol.

E sin vol traire guirent e o razona, aura viii. dias per guirent o mais, sil guirents no es en la terra, a conaguda de la
cort daquels devant acui lo plahg sera.

E jurara sobre sancs evaungelis que no o fa a mala fe, ni
per nulha mala defucha, e pod ne aishi aver, si o demanda,
entro iii. dias de guirent en guirent, entro que sian tragh iii.
guirents; e aura per cada guirent viii. dias.

---

24. *Devoirs du seigneur enrers les chevaliers.*

De même, les seigneurs doivent poursuivre la réparation de tous les torts,
de toutes les injures et de tous les méfaits dont aurait été victime un chevalier, dans sa personne ou dans ses biens.

25. *Des contestations de propriété.*

Si un habitant réclame devant la Cour une terre ou un fief ou tout autre
héritage à un autre qui en a la possession, le défendeur aura 8 jours pour
prendre conseil, s'il les demande, 8 jours pour répondre à la demande et
8 jours pour la terre-garde, ou moins, s'il demande moins de temps, et
3 jours pour la reire-garde, ou moins, s'il veut moins de temps.

Et s'il veut produire un garant et se défendre, il aura 8 jours pour avoir le
garant ou plus, si ce dernier n'est pas sur la seigneurie, à la connaissance
de la cour devant laquelle l'affaire sera portée.

Il jurera sur les saints Évangiles qu'il n'agit ainsi ni par mauvaise foi, ni
par nulle mauvaise défaite et il peut ainsi avoir, s'il le demande, jusqu'à
3 jours d'un garant à l'autre, jusqu'à ce qu'il ait 3 garants; et il aura, pour
faire citer chaque nouveau garant, 8 jours. Si le garant est sur le territoire
de Puymirol et ne veut pas venir, pour lui, il peut se plaindre au baile, s'il
le veut, avant que l'affaire soit introduite au château.

E sil guirents es on la terra e no vol per lui venir, pot sen
clamar al Bailo, sis vol, devant cui quels plahg sia el Castel.
E plahg deu se sessar tant entro quel guirents sia vonguds en
cort per portar guirentia daco per destressa del Baile, jurat
sobre sancs evaungelis daquel qui tal guirent traira, que no
o fa a mala fe ni per fugir al plahg.

26. *Des poids et mesures.*

E tuhg li pes e totas las mesuras del dihg Castel, volem que
sian drechureras cum li pes e las mesuras d'Agen; la senhoria
dels quals pes e de lasquals mezuras es nostre e dels nostres
successors per los temps. E nos devem aver de mezuratge de
tot blat que sera venduts e mezurats el Castel, mealha de la
emina e I. diner de la conca; e si no i a conca entegra, quant
que ni aia daqui enios, non devem aver mas mealha. E si
no i a emina entegra, non devem re aver.

E deu o pagar aquel qui cumprara; e si no o paga, lo dia o
lendema, lo senher i deu aver v sol de gatge.

27. *Des faux poids et des fausses mesures.*

E tots hom e tota femna que tindra fals quintal o falsa livra
o fals marc o falsa cana enqueregut pel Bailo e pel Cossehl, el

---

Et le procès doit être suspendu, jusqu'à ce que les garants soient venus
devant la cour, pour donner garantie en l'espèce, par obligation du baile,
après le serment sur les saints Évangiles de celui qui produit un tel garant,
qu'il n'agit pas ainsi de mauvaise foi ni pour éviter le procès.

26. *Des poids et mesures.*

Nous voulons que tous les poids et toutes les mesures soient aussi exacts
que les poids et les mesures d'Agen; les droits seigneuriaux de ces poids
et de ces mesures sont à nous et à nos successeurs, en tout temps.

Nous devons avoir pour le mesurage de tout le blé vendu et mesuré à Puymirol, une maille par émine et un denier de la conque et, si la conque n'est
pas entière, nous ne devons avoir plus d'une maille, quelle que soit la quantité du blé.

S'il n'y a pas une émine entière, nous ne percevrons rien.

Ces droits doivent être payés par l'acheteur; s'il ne les acquittait pas le
jour même ou le lendemain, le seigneur doit avoir 5 sous d'amende.

27. *Des faux poids et des fausses mesures.*

Quiconque tiendra un faux quintal, une livre, un marc, une canne faux,
sera poursuivi par le baile et par les consuls et, si le fait est prouvé, le sei-

fabg proat, lo senher i deu aver LXV. sol de galge; el pes fals
o la cana falsa encors. E, en mezura falsa de blat o de vi v. sols
de galge, la primera vets e d'aqui enant LXV. sols, per tantas vets
cum proats ne seria, e la mezura falsa encorssa. E de tot for-
niero o de pestoressa que tendra pa a vendre, e li troba hom
que no sia del pes quel es dovats, aura Bailes v. sols de galge,
el pas que no sera del pes leihal es nostre encors. E volem que
sia tots donats per amor de deu.

28. *Des dettes.*

E tots hom que devra deutes a autre es reclama per no poder, aura terme de XL. dias per terra vendra si la a o demanda.
E jurara sobre sancs Evaungelis que dins aquel terme o aiat
vendut; e deu mentaure la terra queu voldra vendre.

Empero, sil crezeires pot mostrar moble que son deute aia
don lo pusca pargar, no aura aquel terme; enants deu estre cos-
trehns de pahar son crezedor, a esgard del Baile e del Cossehl
del dig Castel. Et si no a terra ni erelat quen pusca vendre, deu
jurar sobre sancs evangelis, de mes en mes, que nol pot pagar
de son moble v. sols ni plus e ashi cum o aura lo pagara, salva

---

razonablament sa mecio. E nuls hom del Castel ni del barri
enviro, no deu estre penhorats per deute que deia, de son
lehg, ni de sa menada, ni de sas armas, ni de sos ferraments ab
que gaange sas mecios, ni de las despulhas, ni dels vestirs de
si, ni de sa mainada, ni de sa molher, ni de sos enfants.

29. *De la conciliation préalable devant le baile.*

E nuls hom ni nulha femna nos deu clamar dome ni de
femna del Castel, tant cum drehg li vulha far, devant lo Baile o
devant lo Cossehl, ab quel ferme que drehg li fassa devant lo
Baile o devant lo Cossehl si o demanda. Et sil enquer, el autre
dits neguos drehg devant lo Baile o devant lo Cossehl, deu lo
fermar ades que drehg li fassa devant lo Baile o devant lo
Cossehl.

E si volo ferma si o demanda e pot proar que len aia enqueregut rezinablament e no lo aia volgud fermar que drehg
li fassa, pot sen clamar al Baile. E si sobre drehg sen clamava
aishi cum dihg es, lo Bailes no deu recebvre aquel clam, entro
que sia fahg e enqueregut en la manera avant dicha. El Bai-

---

au moins, et qu'il les donnera quand il les aura, ses dépenses étant raisonnablement comptées.

On ne doit saisir à aucun habitant de la ville ou des faubourgs environ-
nants pour raison de dettes, son lit, sa maison, ses armes, ses instruments de labour, avec lesquels il gagne ses frais d'entretien, ni les dépouilles
ou les vêtements de lui-même, de sa maison, de sa femme et de ses enfants.

29. *De la conciliation préalable devant le baile.*

Nul habitant ne doit se plaindre d'un autre habitant, si ce dernier veut
faire droit à sa réclamation devant le baile ou devant les consuls, pourvu
qu'il promette qu'il lui fera droit devant le baile ou les consuls, s'il le demande.

S'il se plaint et si l'adversaire lui dénie son droit devant le baile, ou devant
les consuls, il doit lui donner immédiatement caution jusqu'à ce qu'il lui ait
fait droit devant le baile ou devant les consuls.

S'il veut une caution, s'il la lui demande, et s'il peut prouver qu'il l'a
réclamée raisonnablement et qu'il n'a pas voulu lui donner la garantie qu'il
lui ferait droit, il peut se plaindre au baile.

S'il portait plainte pour son droit, ainsi qu'il est dit, le baile ne doit pas
la recevoir jusqu'à ce qu'il soit procédé et enquis de la manière susdite.

lers deu far totas las justizias del Castel e deu la judjar ab lo
Cossehl e ab dels autres proshomes del meihs Castel.

30. *Des successions ab intestat.*

E si alcus hom o alcuna femna del dihg Castel mor senes
ordehn e no i at heret ni home ni femna a cui per heritalge
o per successio de lui o de les seibe, deio escaer, lô Bailes el
Cossehl devo rezer commulnalment las causas del mort o de
la morta e devo communalment comandar a i. o a ii. proshomes
del Castel que las tenga en comanda i. an e i. mes.

E si, dins aquel terme, venia hom o femna a cui per drecha
successio de parentalge, aquelas cauzas deguesso escaer, deu
lom rendre totas aquelas cauzas entegrament.

E si no i venia tals hom o tals femna cum dihg es dins lo
predihg terme, tots lo mobles es del senhor el feus tornaria al
senher de cui o tendia a feus, sos deutes pagats, per engals
partidas, de moble e de no moble.

31. *Des notaires publics.*

E volem que publics notaris sian establits el dihg Castel pel
Baile e per lo Cossehl del meihs loc, quals juraran sobre sancs

---

Le baile doit rendre la justice à tous les habitants du château et il doit
juger avec les consuls et les autres prudhommes.

30. *Des successions ab intestat.*

Quand un habitant meurt sans enfants, s'il n'y a pas d'héritiers ni personne à qui, par héritage ou par succession de lui ou d'un des siens, doive
échoir son patrimoine, le baile et les consuls doivent régir, comme biens communaux, les biens du défunt, et ils doivent ordonner communément à un ou à
deux prudhommes du château, de les tenir en commande un an et un mois.

Si, pendant ce temps, se présentait quelqu'un à qui par juste héritage, ces
biens dussent échoir, on les lui rendra intégralement.

Si personne ne se présentait pendant ce laps de temps, les biens meubles
sont acquis au seigneur, et les terres possédées en fiefs reviendront au seigneur de qui les tenait le défunt; les dettes seront payées, par parties égales,
avec les meubles et les immeubles.

31. *Des notaires publics.*

Des notaires publics seront établis à Puymirol par le baile et par les
consuls; ils jureront sur les saints Évangiles qu'ils seront fidèles, loyaux.

evaungelis, que seran fiels e leihals, e drechuriers en lors of-
ficis a tots e a cadau. E si proats era que aguesso facha falsa
carta, perdria lo puhg drehg e totas sas cauzas serian encorssas
al senhor e seria forjurats per tos temps del Castel.

E tots autre hom que carta contrafaria o, essientement, de
carta falsa usaria, e proats nera, seria gibats de tot tesmoni e
de tot judjament e de tot fahg leihal e seria forjurats, per tos-
temps, del Castel. E totas sas cauzas serian encorssas al senhor,
pero lors deutes dambedos, daquest e dels notari, pagats.

32. *Des conventions matrimoniales.*

E tota femna sia a ondoza del aver e de las cauzas que sos
paire o sa maire lauran donadas en son maridatge e no aia
retorn els autres bes, ni en las cauzas que serian de son paire
ni de sa maire, sil paire o la maire no lo donavo o no li en de-
venia torns per defalhiment de linatge. Empero, tots covents
fahg en maridatge aia valor e neguna femna del Castel estan
ab son marit no puscha donar neguna causa mobla a son marit
ni a autrui, en neguna manera; e, si o fazio, no aia valor, si
donat o promes nol era en maridatge per far sas voluntats.

---

amis du droit dans l'exercice de leurs fonctions, pour tous et pour chacun.

S'il est prouvé qu'un notaire ait fait un faux, il perdra le poing droit; tous
ses biens seront acquis au seigneur et il sera à tout jamais hors du droit du
château.

Quiconque contrefait un acte ou sciemment se sert d'un acte faux, si le
fait est prouvé, sera déchu de tout droit de témoigner, d'ester en justice,
de faire un acte valable et sera à tout jamais hors du droit du château.

Tous ses biens seront acquis au seigneur pour payer ses dettes et celles du
notaire.

32. *Des conventions matrimoniales.*

Toute femme est dotée de l'avoir et des biens que ses père et mère lui
ont donnés au moment de son mariage et elle n'a pas de répétition sur les
autres biens immobiliers et mobiliers de ses parents, à moins d'une donation
de leur part, ou à moins qu'ils ne lui adviennent, à défaut d'autres enfants.

Toutes les conventions matrimoniales sont valables et nulle femme du
château vivant avec son mari ne peut donner aucun bien mobilier à son mari
ni à autrui, en aucune manière; les libéralités de cette nature sont nulles,
si le pouvoir de les faire n'a pas été expressément réservé au moment du
mariage.

33. *De la vente aux enchères des immeubles.*

E tota heretats o tota onors que covengo estro venduda per pagar deutes de mort o de morta o per ordehn o per darera voluntat cumplir, sia cridada per lo Castel publicament per in. dias; e qui mais i donara, aquel la aia, pero en bona fo, sens barat. E nuhls ordeniers no o puscha retenir ni cumprar.

E tots ordehns o tots testamens aia valor o fermetat aisi cum deu.

34. *De la propriété acquise par possession.*

E nuhls hom ni nulha femna que sia dins lo Castel ni dins sos apartenements no deu far negu deman en neguna oec quals que sia estada, venduda o donada o afeuzada o aguh per escaensa de linhalge a alcu home o a alcuna femna del Castel que la tenga e la possedisca x. ans continuables, en boa possecio, senes fadiament de drehg o senes demanda que hon dins aquel x. ans, non li aia facha; exceptat orphanol qui en aquel temps no fos d' etat de xviii. ans; car aquel pot demandar, totas horas, son drehg, coras que sia de la dichat etat de xviii ans o en dunebg si demandar o vol; pero dels meihs xviii

---

33. *De la vente aux enchères des immeubles.*

La vente d'héritages et de biens faite pour payer les dettes de défunts par ordre ou pour accomplir les dernières volontés, doit être proclamée dans la ville pendant 3 jours et le plus fort enchérisseur sera déclaré propriétaire, de bonne foi, sans tromperie.

Et nul héritier ne les peut retenir ou acheter. Toutes les dispositions et tous les testaments auront la valeur et l'efficacité qui leur sont dus.

34. *De la propriété acquise par possession.*

Nul habitant ne doit faire une demande au sujet d'un bien quel qu'il soit qu'il ait été vendu, donné, inféodé ou acquis par lignage, à aucune personne de Puymirol qui le tient et le possède paisiblement depuis 10 ans, sans interruption, sans aucun refus de droit de sa part ou sans aucune réclamation que l'on aurait pu lui faire durant les 10 ans; excepté le cas où la réclamation serait faite par un orphelin qui n'aurait pas en alors 18 ans, car ce dernier peut toujours réclamer son droit, bien qu'il soit âgé de 18 ans au moins s'il veut le faire.

ins a enla, no aia valor neguna demanda que el ni autre per
lui i fes, si endunehg demanda facha non avia.

35. *De la vente du vin.*

E nuhls hom ni nuhla femna no vende el Castel ni els barris
demuro en gros ni a taverna ni en nulha manera a nuhl hom
estrahn ni privat, vi que autrege blos senes aiga e senes tota
mesclanha, si no jura sobre sanes evaungelis que el ni hom
ni femna que el sapia, no i a messa aiga ni nulha mescla no i
a facha.

E si alcus hom o alcuna femna nera proals, donaria al Baile
xlv. an de gatge.

E s' jurat o avie e sen eran perjurats, donaria al Bailo lxv.
sols de gatge. E tota hom que do perjuri fos proats deu estre
gadjats lxv. sol, salt sagrament de calumpnia.

36. *Des voleurs de nuit et de jour.*

E si alcus hom o alcuna femna raubava de nuhgs autrui
vinha o autrui cazal o autrui prate o autrui albre, e proats nera,
seria gadjats lxv. sol. E de dias v. sol e la malafacha adob ida.

De 15 ans au delà, une réclamation n'a pas de valeur, qu'elle soit faite
par lui ou par un autre, s'il n'avait fait aucune demande avant l'âge de 15 ans.

35. *De la vente du vin.*

Personne ne doit vendre en ville ou dans les faubourgs, soit en gros, soit
dans une taverne, soit de toute autre manière, à un étranger ou à un particulier, du vin, s'il n'est tiré dans un vase auparavant vide, sans eau et sans
aucun mélange; sinon, il jurera sur les saints Évangiles que lui-même ou
quelqu'un, à sa connaissance, n'y a pas mis de l'eau ou n'y a rien mélangé.

Celui qui aura fait un mélange, si le fait est prouvé, donnera au baile
45 sous d'amende.

S'il avait juré et si, par le fait, il avait fait un parjure, il donnera au
baile 65 sous.

Tout homme qui est convaincu de parjure, doit payer 65 sous d'amende,
sauf le serment de calomnie.

36. *Les voleurs de nuit et de jour.*

Quiconque volera, la nuit, dans les vignes, jardins, prairies, vergers
d'autrui, paiera, si le fait est prouvé, 65 sous.

Pour un vol commis de jour, l'amende est de 5 sous; le dommage doit,
d'autre part, être réparé.

37. *Des biens de la femme mariée.*

E si dezavava dalcuna femna maridada del meihs Castel
senes heret que non agues, so es assaber fihl o filha de son
leihal matrimoni, la onors que seria donada per les en maridatge, si non es donada per vendre o per far sas proprias
voluntats, o per prest de diniers, deu tornar a aquel o a aquela
que plus pres per successio de les, i devria eretar.

38. *Des voleurs prisonniers.*

E nuhls hom no deu prendre lairo que ades tant tost cum
poira, a bona fe, nol renda al Baile, e si o fazia deu sen gal-
jar x. libras al Baile e renda lo laironici a aquel don lo laires
l'auria agud.

39. *De la caution.*

E bailes no pot re proar si no o fazia cauza que fos estada
facha o dicha en cort vestida o ab carta de notari public.

El Bailes ni hom per lui, ni en loc de lui, no deu penhorar
nuhl hom ni nulha femna del dihg castel ni de sos apertenemens, si no o fazia per son gatge conogud o per deute de que
agues aguda clamor.

---

37. *Des biens de la femme mariée.*

Si une femme mariée meurt sans héritiers, c'est-à-dire si elle n'a ni fils ni
fille de son mariage, les biens qui lui ont été donnés en mariage, s'ils n'ont
pas été donnés pour être vendus ou pour en disposer selon son bon vouloir
ou comme équivalent de sommes d'argent, doivent revenir à celui ou à celle
qui plus rapprochée par succession, doit en hériter.

38. *Des voleurs prisonniers.*

On doit, quand on prend un voleur, le remettre, aussitôt qu'on le pourra,
entre les mains du baile, sous peine de 10 livres d'amende; et il faut rendre
l'objet volé à celui à qui il a été pris.

39. *De la caution.*

Le baile ne peut par lui-même rien prouver, s'il ne s'agit d'une chose faite
ou dite devant la cour au complet ou avec un acte de notaire public.

Le baile ou son mandataire ne doivent saisir un habitant du château ou de
ses dépendances, s'ils ne le faisaient pour les amendes qui sont dues par
lui ou pour une dette au sujet de laquelle le baile aurait reçu une plainte.

E si nuhl hom ni nulha femna tornava nulha penhora quel Bailes agues facha per razo, el loc don la auria aguda, senes sa voluntal, donara v. sols de gatge o tornaria areire a sa mecio, aquela penhora a qui don la auria moguda o pressa.

40. *Des biens tenus en fief.*

E tots hom, sia cavoiers o Bailes o autre de cui hom tenga feus dins lo dex del meihs castel, pot retenir, sis vol, tot feus que hom tenga de lui, coras ques renda per aitant cum autre i donaria per sa propria taula, ahquo jure sobre sanca evaungelis sil es demandat, que per sos ops, senes autrui, lo vol retenir e quel tenga i. an e i. mes; e pot ne aver, sil vol., viii. dias continuables per Cossehl; si que no, deu lo ades autreiar de part senhoria, senes tot contrast, a aquel a cui lo vendeires naura fahg covent ab sas vendas que naia, so es assaber i. d. de cada xii. d. e sos acaples; empero, tots torners o pot aver, sil vol, devant autrui, devant lo Baile e devant tot autre home, per aitant cum autre i voln donar, a bona fe.

41. *Des mutations de propriété des biens tenus en fief.*

E tots hom del dihg Castel pot vendre o donar o empenhar o laishar o adordenar tota honor que tenga do senhor a feu;

---

en pot far sa proprias voluntats, salb que no o pot vendre ni
donar ni empenhar ni laishar a gleia ni a clerc ni a maio
dordre ni de religio, si expressament no o fazi. ab covent que
dins i. an e i. mes o al cap del meihs terme, lo meihs feus fos
venduts a home laic quen fes las costumas de Castel; e deu
aver lo senhor del feus, v. sol de gatge de son feuzater, cada
dia quel rede fermansas si las i demanda ni na rancurant per
lo meihs feus. E tot senher del feus deu autreiar, de part senhoria, tot feus que de lui muva a cui que sos feuzaters lo vulha
empenhar en sa ma, senes tot contrast, ab covent que, al cap
de ii. ans, len pague aquel quel pehns prendia, sos capsol,
so es assaber i. d. de cada xii. d. si tant esta pehns. E quant
aquel quel pehns tindra, aura pagats sos capsols, deu los aver
enpihns sobre la meissa cauza, ab son autre aver que i aura
prestad devant; e sil pehns retenia per aquels deniers que i
aura desus, lo senher no deu aver vendas, mas daitant cum
mais i donaria, quar dels primiers diniers auria agud sos capsols; el senher no deu aver de son feus mas aquels primiers
capsols, tant solamuent cant quel pehns duro, si en autre
manera venduts no era, car d'aquela venda auria aguds sos
capsols, aishi cum dihg es.

<hr>

mais non cependant le vendre, donner, hypothéquer, laisser à une église,
un clerc, une maison de chevalerie, un couvent, si ce n'est avec la condition expresse que dans un an et un mois ou, au bout de ce temps, le fief
sera vendu à un laïque qui se conduira suivant les coutumes du château.

Le seigneur du fief doit avoir 5 sous de gage de son feudataire, chaque
fois qu'il rend les cautions, s'il les lui demande et s'il n'a pas de récrimina-
tion pour le même fief.

Tout seigneur de fief doit concéder, en vertu de sa seigneurie, tout fief qui
relève de lui, à quiconque ses feudataires le voudraient hypothéquer, dans
sa main, sans autre contrat que la promesse de celui qui prend le gage, de
payer, au bout de deux ans, les droits de capsol, à savoir 1 denier par
12 deniers, si le gage est aussi élevé.

Et quand celui qui tiendra le gage aura payé ses droits de capsol, il doit
les avoir hypothéqués sur le même bien, avec les autres sommes qu'il aura
prêtées auparavant.

S'il retenait le bien donné en gage pour les sommes qui lui sont dues sur
le gage, le seigneur ne doit pas toucher les droits de vente sur le prix total,
mais seulement sur la différence entre la somme hypothéquée et la valeur
totale, car, pour la susdite somme, il a eu ses droits de capsol.

Le seigneur ne doit, pour son fief, rien toucher en dehors de ses pro-

E nuhls hom no pot sos feus que tendra do nos sobre-afeuzar en tot ni en partida.

42. *Des dépenses communales.*

E totas las despessas o las mecios que seran fachas per lo communal fahg del Castel, sien trachas livra per livra e pagadas de tots los habitans del castel, comunalment tant rix cant paubres, segon que a cadau a ondo lor risquessas, per quals que noms aquelas mecios o aquelas despessas sian apeladas, salb ost e gacha e manobra e esters dels cavoiers que son franc, aishi cum desus es dihg.

43. *Du duel.*

E si nuhls hom del Castel es apelats de batalha non sen cumbeta, ab que vulha far drehg a esgart del Baile e de sa cort, si, per sa propria voluntat, combatre nos volia.

44. *Des fours particuliers.*

E tots hom del Castel e del barri pot far forn, sis vol, per son pa cozer, dins son osdal.

---

niers droits de capsol, tant que le gage dure, s'il n'est pas vendu d'une autre façon, car il a eu ses capsols.

Nul ne peut sous-inféoder, en tout ou en partie, un fief qu'il tient de nous.

42. *Des dépenses communales.*

Toutes les dépenses faites pour le commun profit de la ville, seront demandées livre par livre et payées par tous les habitants de Puymirol sans exception, par les riches et par les pauvres, selon la fortune de chacun, de quelque nom que ces dépenses soient appelées, sauf l'ost, le guet, la main-d'œuvre et autres devoirs de chevaliers qui sont exempts pour le reste, ainsi qu'il a été dit.

43. *Du duel.*

Si celui qui est appelé à se battre en duel refuse de se battre et veut, au contraire, faire droit devant le baile et sa cour, il ne peut y être contraint.

44. *Des fours particuliers.*

Tout habitant de la ville et des faubourgs peut avoir un four dans sa maison pour faire cuire son pain.

45. *Des boulangères.*

E tota pestoressa pot far forn, sis vol, dins sa maio, per coz
son pa venassal e a son maniar, ab quen pague cascuna set-
mana, ii diners al senhor, tant cum fara pa a vendre.

46. *Des fours publics.*

E tots hom del meihs Castel e del barri pot far forn communal, sis vol, dins sa maiho, per cozer son pa el autrui, ab quen
pague, cascuna selmana, xii. d. al senhor, aitant cum tindra
forn comunal.

47. *De la foire de la Sainte-Foy.*

E la feira del dihg Castel comenso per los temps, cascu an,
lo dia de la sancta Fe (1), e no dura mas viii. dias; e tindrem
segurs, a nostre poder, en tota nostre terra, tots homes e totas
femnas que a la feira vindram, al anar e al tornar, viii. dias
devant la feira e viii. dias de tras; si home mort no i avia don
nos fos acordats o pres nol tenia. El senher aura, per los temps,
dishida o dintrada, tant cum la dicha feira durara, iiii. d. des-

---

45. *Des boulangères.*

Les boulangères peuvent avoir un four dans leur maison pour faire cuire
le pain qu'elles mettent en vente ou qu'elles emploient pour leur usage,
moyennant le paiement, chaque semaine, de 2 deniers au seigneur, tant
qu'elles feront du pain pour le vendre.

46. *Des fours publics.*

Tout habitant peut avoir un four communal ou public, dans sa maison,
pour faire cuire son pain et celui des autres, moyennant le paiement, chaque
semaine, de 12 deniers au seigneur, tant qu'il tiendra le four communal.

47. *De la foire de la Sainte-Foy.*

La foire de Puymirol se tiendra tous les ans, le jour de Sainte-Foy, et ne
durera pas plus de huit jours; selon notre pouvoir, nous veillerons, sur notre
territoire, à la sécurité de tous ceux qui viendront à la foire et de même pour
leur retour, et cela huit jours avant et huit jours après la foire, le cas d'un
assassinat dont l'auteur ne serait pas connu étant réservé.

(1) La fête de Sainte-Foy est le 6 octobre; cette grande foire du 6 octobre s'est conservée
dans la foire actuelle du premier vendredi d'octobre.

trocel e ii. d. de carga de bestia menuda e i. d. de colier que-
ques porte. E, en una pessa enteira de drap, sia pauca o grans,
mealha, si no es talhada; e en i. parelh de sabatas novas
mealha, si hom no las porta causadas; e en una taula dome
estrahn i. d., salb taula de cambis : en i. obrador que hom
estrahns i tenga, iiii. d. E, en tota bestia cavalina o autra, aishi
cum desus es dihg.

48. *Droits sur les fours.*

E tuhg li forn del Castel e del barri denviro, cogan, per tos
temps, tot pa a cumte de vinche; e quel forniers ne porte la
pasta de la maiho al forn e quen torne lo pa cuhg del forn a
la maiho. E si afolavan pan per sa colpa, quel enmende ades.

49. *Des moulins.*

E tuhg li moli del Castel e dels apertenemens del meihs
castel, molan, per tos temps, tot blat de froment e de mestura a
cumte de sedzo; e que plus non prengan per carestia ni per
riotat.

Le seigneur aura, pendant la durée de la foire, à la sortie ou à l'entrée,
4 deniers de décharge, 2 deniers de charge de bête et 1 denier par portefaix, qeol que ce soit qu'il porte.

Pour une pièce entière de drap, petite ou grande, le droit est d'une maille
si elle n'est pas taillée; pour une paire de savates neuves, une maille, si on
ne les porte pas aux pieds; pour un étal, l'étranger donne 1 denier, sauf
étal de changeur pour lequel l'étranger paie 4 deniers.

Pour toute bête chevaline ou autre, les droits sont ceux énoncés plus haut.

48. *Droits sur les fours.*

Tous les fours de la ville et du faubourg pourront cuire, en tout temps,
toute quantité de pain, à raison d'un pain sur vingt pour le seigneur, et le
fornier pourra porter la pâte de la maison au four et le pain cuit du four à
la maison.

Si le pain était endommagé par sa faute, il réparerait le dommage.

49. *Des moulins.*

Les moulins pourront moudre, en tout temps, tout le blé de froment fin
et mêlé, à raison du seizième de la farine, et le droit ne sera pas plus élevé
en temps de disette ou de troubles.

50. *De la sauvegarde.*

E tots hom del Castel e del barri pusca tot home guidar
dins lo meihs castel e dins los dex del meihs castels, si hom
mort no i avia don acordats nos fos o pres nol tenia o defende-
ment no avia agud daquel acui aquel hom auria tort per boca
de lui o per crida de villa. E li autri senhor dels feus devo
autreiar, clauser los feus que de lor movo, salvas lors drechuras
e lors senhioras.

51. *Du renouvellement des consuls.*

E quel Cossehls del digh Castel se cambie, cascu an, lo dia de
la Sancta Maria d'aost, e que laus Cossehls enlegisca lautre; e
aquel Cossehls que enlegira lo Cossehl noel, enlegiscan per
meisha manera, aqui meihs cessemps cant lo Cossehl enlegiran,
iiii. proshomes del meihs Castel que sian judge, pes tot lan,
per los fahgs de las appellacios.

52. *Attributions des consuls.*

E donam plenier poder al Cossehl del predihg Castel que
ab Cossehl de nostre Baille e ab sa expressa voluntat e dels

---

50. *De la sauvegarde.*

Tout habitant de la ville et du faubourg peut recevoir toute personne dans
la ville et dans les limites de la juridiction de Puymirol, s'il n'y avait un
homme tué dont on ne connaîtrait pas le meurtrier, ou s'il n'était pas encore
arrêté, ou s'il n'y avait eu une défense concernant cette personne, émanée
de celui à qui on aura porté préjudice, qu'il l'ait faite lui-même ou par le
crieur de la ville.

Les autres seigneurs des fiefs doivent concéder, clore les fiefs qui relèvent
d'eux, sauf leurs droits et seigneurie.

51. *Du renouvellement des consuls.*

Les consuls de Puymirol sont renouvelés tous les ans, le jour de la Sainte-
Marie d'Août; les nouveaux sont élus par les consuls sortant de charge, et
les nouveaux élus choisissent immédiatement quatre prud'hommes qui servent,
pour un an, juges d'appel.

52. *Attributions des consuls.*

Pouvoir est donné aux consuls de faire, de concert avec le baile, sur son
approbation et celle des autres prud'hommes, des statuts sur les terres, les

autres proshomes del meihs Castel, puscan far establiments
sobre terras e vinhas e blads gardar e sobre totas autras cauzas
que sia a nostro pro e a pro del Castel e de la onor del meihs
loc.

53. *Validité des mesures administratives des consuls.*

E que aquels establiments tost a la una partida, lo Bailes e lo
Cossehl no puscar ostar, cant se voldran e xco, salva nostre senhoria en totas cauzas ; e aquihl establiment no devo aver valor
mas per i. an o aitant de lan cum lo Cossehls estera el cos-
solat.

54. *Des bouchers.*

E tugh li mazel del digh Castel e dels barris son nostri per
tos temps. E qui no ira o no trametra a la gacha, segon quel
Bailes el Cossehl los mandara, sera punits a nos a esgard del
Baile e del Cossehl del meihs loc.

Approbation desdites coutumes.

Las avant dichas franquesas e costumas, cant en nos es,
guarentem als habitadors del dibg Castel aver e a tenir a els e

---

rigues, la garde des blés et sur toutes les autres choses, selon notre profit
et celui de Puymirol.

53. *Validité des mesures administratives des consuls.*

Le baile et les consuls ne peuvent modifier ces statuts, en tout ou en
partie, à leur gré, les droits de notre seigneurie étant sauvegardés dans tous
les cas. Ces statuts ne doivent rester en vigueur qu'une année ou durant la
partie restant à courir de l'année où les consuls sont en charge.

54. *Des bouchers.*

Tous les bouchers du château et des faubourgs sont maîtres en tout temps.
Quiconque n'ira pas chez eux ou ne mettra pas la viande à leurs crochets,
selon que le baile et les consuls le lui ordonneront, sera puni par le baile et
les consuls.

Approbation desdites Coutumes.

Ces franchises et coutumes, autant qu'il est en notre pouvoir, nous pro-
mettons aux habitants de Puymirol de les maintenir pour eux, leurs héritiers

58 COUTUMES DE PUYMIROL.

a lors hers e a lors successors, a los temps, si cum il las au usadas rasonablament, sals nostre drebg en autras causas e lo drebg dautrui.

E en testimoni e en perdurabla fermetat de totas las avant dichas cauzas, avem fahg per aquestas nostras letras pendents ab nostre sagel sageradas. Donada per la ma del hondral paire Robert (1), per la gracia de Dieu, evesque de Baaz e de Well., nostre cancellier.

A Agen lo XIII. dia de decembre, lan de nostre regne selcime (2).

----

et leurs successeurs, à tout jamais, pourvu qu'ils s'en servent raisonnablement, notre droit étant sauf pour tout le reste, ainsi que celui d'autrui.

En témoignage et pour la durable efficacité de toutes les dispositions susdites, nous avons fait sceller ces lettres de notre sceau.

Donné, par la main de l'honorable père Robert, par la grâce de Dieu évêque de Bath et de Wells, notre chancelier.

A Agen, le 13 décembre, la seizième année de notre règne.

(1) Robert Burnell, évêque de Bath et Wells du 23 janvier 1275 au 25 décembre 1292. La ville de Bath, sur l'Avon, est la capitale du comté de Somerset, en Angleterre.

(2) Alfonse de Poitiers, étant mort en août 1271, à Savone, le 13 décembre 1286 est bien dans la seizième année du règne d'Édouard I, comme duc de Guyenne; cette seizième année va d'août 1286 au mois d'août 1287. Le fait a son importance, car les années d'Édouard I, comme roi d'Angleterre, ne partent que du 20 novembre 1272.

TABLE ALPHABÉTIQUE.

BAR-LE-DUC, IMPRIMERIE CONTANT-LAGUERRE.

www.ingramcontent.com/pod-product-compliance
Ingram Content Group UK Ltd.
Pitfield, Milton Keynes, MK11 3LW, UK
UKHW021111140726
13695UKWH00004B/1454